LE BON CHOIX POUR CUISINER

# 101 recettes

## AVEC LES MEILLEURS PRODUITS DU SUPERMARCHÉ

## LES AUTEURS

**Cet ouvrage a été écrit par les diététiciennes-nutritionnistes de LaNutrition.fr, premier site indépendant d'information en nutrition et santé :**
Camille Castel, Angélique Houlbert, Céline Moulin, Sarah Amiri

**ÉQUIPE RÉDACTIONNELLE DE LA COLLECTION « LE BON CHOIX » :**
Angélique Houlbert, Elvire Nérin, Thierry Souccar, Priscille Tremblais

Conception graphique et réalisation : Noémie Cesarone
Photos intérieures : © Abigail Labranche, © Shutterstock, © Thinkstock, © Adobe Stock
Photo centrale de couverutre : © Shutterstock

ISBN : 978-2-36549-507-3
ISBN ebook : 978-2-36549-508-0

Dépôt légal : 4e trimestre 2021

www.thierrysouccar.com


Achevé d'imprimer en France par l'imprimerie Corlet à Condé-en-Normandie - N° 21090705

IMPRIM'VERT® PEFC 10-31-1510

# SOMMAIRE

# Pourquoi ce livre ?

**Depuis l'origine, la mission du site LaNutrition.fr est de diffuser une information de qualité afin de favoriser une alimentation saine. Idéalement, pour bien manger, il faudrait aller faire son marché chaque jour et cuisiner les aliments frais dans la foulée. Dans la vraie vie, on n'en a pas toujours le temps ou la possibilité. On achète alors des produits tout prêts au supermarché. Mais comment être sûr d'acheter des produits sains ?**

## Notre expertise, votre garantie

Ce guide est rendu possible par l'expertise qu'a développée depuis dix ans l'équipe de diététiciens-nutritionnistes et journalistes scientifiques du site LaNutrition.fr. Chaque année, nous évaluons la qualité des aliments des supermarchés et nous identifions les produits les plus sains et ceux à éviter, rayon par rayon. Nous avons rassemblé ce travail dans un guide de référence et régulièrement mis à jour *Le Bon Choix au supermarché*.

**Un aliment sain, c'est un aliment peu transformé.**

## Pourquoi s'intéresser à la « transformation » et non plus aux calories, sucre et gras ?

Le concept scientifique d'aliment ultra-transformé est assez récent. Il remonte à 2009, lorsqu'un groupe de recherche en santé publique de l'université de Sao Paulo (Brésil), dirigé par Carlos Monteiro, a publié plusieurs études montrant que les populations les plus touchées par les maladies chroniques (notamment le surpoids et l'obésité dans un premier temps) sont tout simplement celles qui consomment le plus d'aliments ultra-transformés. Certes ces aliments sont souvent gras et sucrés mais cela ne suffit pas à les définir. Un aliment peut être peu gras et peu sucré et être ultra-transformé.

**Plus on consomme d'aliments ultra-transformés, plus le risque de maladies chroniques augmente.**

## Un aliment ultra-transformé, c'est quoi ?

Aujourd'hui, les aliments ultra-transformés sont omniprésents. Ils sont nés après la Seconde Guerre mondiale parallèlement à l'industrialisation de la production agricole et de l'alimentation pour les besoins de la consommation de masse. Leur fabrication s'est accélérée dans les années 1970, pour culminer dans les années 1980, notamment avec l'entrée des femmes sur le marché du travail, lorsqu'il a fallu fournir aux familles des plats « prêts-à-manger ». Ainsi, pour simplifier la vie des consommateurs et leur faire gagner du temps, les industriels se sont évertués à imiter les aliments faits maison ou fabriqués artisanalement.

Ces « faux » aliments sont obtenus par des procédés industriels. Tout part des aliments bruts auxquels on fait subir diverses transformations. Pour qu'ils soient « prêts à consommer », on leur ajoute du sel, du sucre, ou une matière grasse, bref on les cuisine pour vous.

Mais ce n'est pas tout. Pour les rendre appétissants, leur donner une consistance, une couleur, une saveur et une odeur agréables, mais aussi pour masquer leurs défauts, augmenter leur durée de conservation, et très souvent diminuer leur coût de production, les industriels y incorporent des ingrédients ayant une fonction cosmétique et/ou économique. À LaNutrition.fr, nous parlons d'ACE pour « Agents Cosmétiques et Économiques ». Ces ACE, vous ne les trouverez généralement pas dans votre cuisine. Il s'agit d'arômes, d'amidon modifié, de gluten, de fibres de pois, de carboxyméthylcellulose ou E466, de monoglycérides d'acides gras, de protéines de lait, d'extrait de malt d'orge, d'extrait de levure, de xylitol, de protéines de soja…

Ils sont ajoutés aux aliments par exemple pour remplacer des ingrédients naturels plus chers, ou retenir l'eau, donc faire du volume à moindres frais.

**MANGER SAIN, C'EST MANGER PEU TRANSFORMÉ, c'est aussi simple que ça.**

**Voilà pourquoi ce guide vous propose 101 recettes à base d'aliments peu transformés du supermarché.**

### Pourquoi on ne peut pas se fier au Nutri-Score

Le Nutri-Score est un système de notation mis au point par le Programme national nutrition santé. Il est censé définir la qualité nutritionnelle des aliments industriels selon une note sur une échelle de A à E.
**Problème** : ce système ne prend en considération que les teneurs en calories, sucre, gras et sel. Il ne tient pas compte du degré de transformation des aliments ni de la qualité des ingrédients. Or ce qui différencie un bon produit d'un mauvais, ce sont avant tout les ingrédients utilisés et le processus qui les met en œuvre.
**Résultats** : dans plus d'un cas sur trois, le Nutri-Score note mal des produits qui sont pourtant sains, comme une conserve de foie de morue (parce que c'est gras !) ; et il donne une bonne note à des produits qui doivent être limités comme les céréales Chocapic qui sont ultra-transformées. Pour toutes ces raisons, nous estimons que le Nutri-Score n'est pas fiable tout comme les applications qui l'utilisent telle Yuka.

## Pour bien manger, suivez la règle des 3V

La science nous dit que manger sain consiste à manger vrai, c'est-à-dire peu transformé comme nous l'avons vu, mais aussi majoritairement végétal et surtout varié.

Cette règle des 3V (Vrai, Végétal, Varié) est simple. Si on la respecte, on est assuré de couvrir ses besoins nutritionnels. On peut de cette façon « bien manger » pour rester en bonne santé sans être un spécialiste de nutrition, sans faire de calculs compliqués.

Cette règle des 3V a été expliquée et justifiée par le chercheur français Anthony Fardet dans son livre *Halte aux aliments ultra-transformés ! Mangeons vrai.* Nous en avons tenu compte dans ce guide pour élaborer nos recettes.

## V COMME VRAI

Manger vrai, c'est manger peu transformé, vous le savez à présent, mais quand on fait ses courses au supermarché, c'est un réel défi car, selon une évaluation de 2009, en France près des deux tiers des aliments emballés sont ultra-transformés.

**➨ Dans l'idéal, on ne devrait pas consommer plus de 1 à 2 aliments ultra-transformés par jour.**

Les recettes de ce livre font toutes appel à des produits emballés du supermarché peu transformés. Ils proviennent de la sélection effectuée pour notre livre *Le Bon Choix au supermarché*.

## V COMME VÉGÉTAL

Notre alimentation devrait être majoritairement d'origine végétale, ceci afin de préserver notre santé mais aussi pour que notre système alimentaire soit durable.

**➨ Dans l'idéal, on ne devrait pas consommer plus de 2 à 3 portions de produits animaux par jour.**

La plupart des recettes proposées dans ce guide font la part belle aux légumes, légumes secs, produits céréaliers et assimilés (comme le quinoa). Elles s'inspirent beaucoup du régime méditerranéen qui a prouvé son efficacité pour prévenir et traiter les maladies chroniques. De nombreuses recettes sont végétariennes. Nous avons essayé de proposer la palette de végétaux la plus large possible à travers des salades, des soupes, des plats, des desserts, des boissons.

Pour gagner du temps, on fera appel à des ingrédients tout prêts si le goût est au rendez-vous et surtout s'ils sont peu transformés : légumes surgelés ou en bocal en verre, pâte à tarte pur beurre, crème fraîche sans émulsifiants, boisson au soja sans phosphates…

## V COMME VARIÉ

Manger varié donc coloré mais aussi local, de saison, bio si possible.

**➨ Dans l'idéal, il faudrait consommer 8 à 10 produits végétaux différents chaque jour.**

Ce livre vous y aide, en vous disant quels fruits et légumes acheter en fonction de la saison. Vous y trouverez aussi des menus pour les accommoder et varier les saveurs. Les recettes ont été concoctées pour faire appel à un maximum de végétaux.

- **Des fruits et des légumes colorés** : radis, poivrons, tomates, épinards, brocolis, poireaux, endives, roquette, mâche, avocat, agrumes, fruits rouges dans les desserts...
- **Des herbes** : persil, coriandre, basilic, aneth, ciboulette, herbes de Provence...
- **Des épices** : piment d'Espelette, gingembre, poivre, cumin, curry, muscade...
- **Des légumineuses** : lentilles, haricots rouges, pois chiches, petits pois... Si vous les aviez oubliées, vous redécouvrirez les fèves !
- Et bien sûr vous rencontrerez au fil des pages **les indispensables oléagineux** : noisettes, noix, pignons, amandes...

## Les aliments ultra-transformés (que vous ne trouverez pas dans ce guide)

Cracottes, gâteaux marbrés, céréales du petit déjeuner, barres de céréales, pains de mie, barres chocolatées, sirops (sauf sirop d'érable 100 %), sodas, jus de fruits sucrés et yaourts aux fruits, cônes glacés, nuggets de poulet, escalopes cordon bleu, poissons panés, lasagnes surgelées, chips, nouilles instantanées, sauces et vinaigrettes allégées, croque-monsieur, pizzas fraîches ou surgelées, raviolis, édulcorants.
À noter que pains et produits de boulangerie deviennent ultra-transformés quand, en plus de farine de blé, beurre, levure, eau et sel, ils comprennent des substances non utilisées traditionnellement, comme les graisses végétales hydrogénées, les protéines de petit lait, le gluten, les émulsifiants, l'amidon modifié et d'autres additifs.

# Un vrai guide du mieux manger

Avec ce guide vous avez en mains toutes les clés pour améliorer vos habitudes alimentaires et celles de toute la famille. Vous aurez :

- La liste des ingrédients qu'on peut acheter tout prêts.
- Ceux qu'il faut absolument faire soi-même : vinaigrette, béchamel, bouillons cubes, chantilly, guacamole…
- Des conseils pour bien choisir crème fraîche, crème soja, œufs, jambon blanc, jambon cru…
- **101 recettes simples** (elles font appel à un petit nombre d'ingrédients et ne nécessitent ni robot, ni Thermomix, ni blender. Un mixer tout au plus), savoureuses (plus de 200 ont été testées par l'équipe, pour n'en retenir que les 101 les plus gourmandes) et rapides (elles demandent peu de temps de préparation, 15 minutes en moyenne).
- **4 semaines de menus**
- Et pour finir, une liste de courses avec les meilleurs produits par enseigne : Auchan, Carrefour, Leclerc, Monoprix…, histoire de vous simplifier encore un peu plus la vie.

# Sauce, aides culinaires & Cie

## ▶ Vinaigrette

Nous avons rassemblé pour vous dans cet ouvrage près de 20 salades composées. Certaines sont très rapides à préparer, d'autres demandent un peu plus de temps mais toutes ont un point commun, elles renferment des ingrédients sains et peu transformés : des feuilles de salade en tout genre, mâche, pousses d'épinards, roquette, mesclun, romaine, etc. des légumineuses, des dés de saumon, des noix, des fruits aussi parfois...

Après avoir fait le bon choix en termes d'ingrédients grâce au livre génialissime que vous tenez entre les mains, la seconde étape clé... c'est la vinaigrette. Ne la négligez pas car c'est elle qui chaque jour vous apporte une bonne part des graisses dont votre corps a besoin.

Manger sainement, cela ne signifie pas manger peu gras et des plats légers en calories.

**Manger sainement, c'est manger des aliments vrais, peu transformés, principalement des végétaux, et les plus variés possible.**

### Oubliez les vinaigrettes prêtes à l'emploi !

Elles ne renferment pas toujours les bonnes huiles et très souvent elles sont allégées c'est-à-dire qu'une partie de l'huile a été remplacée par de l'eau. Résultat : le fabricant est obligé d'ajouter une kyrielle d'additifs : épaississants, émulsifiants… Si, comme nous, vous aviez lu toutes les compositions des vinaigrettes allégées en matières grasses, l'envie d'en consommer vous passerait vite.

### Pour l'assaisonnement

Pour faire des vinaigrettes bonnes pour votre santé, vous devez avoir dans votre placard :

- **de l'huile de colza bio (Cauvin ou MDD*)**
- **de l'huile d'olive bio (grandes marques ou MDD)**
- **du vinaigre (de Xérès ou de cidre)**
- **du vinaigre balsamique bio ou U Saveurs, Monoprix Gourmet, Auchan**
- **de la moutarde de Dijon bio (grandes marques ou MDD)**

* *Marque de distributeur*

Les huiles doivent être conditionnées dans des bouteilles en verre foncé de préférence. L'huile de colza bio a une couleur jaune or et un goût assez prononcé qui peut surprendre. Si cette saveur vous gêne, nous vous conseillons dans ce cas l'huile de colza raffinée non bio Fleur de colza de Lesieur. Toutes les huiles autres que celles d'olive et de colza ne sont pas indispensables et peuvent même être néfastes pour votre santé.

Les vinaigres de vin (Amora, Maille…) renferment des stabilisants. Préférez-leur le vinaigre de Xérès ou le vinaigre de cidre bio. Qu'ils soient de marques nationales ou de distributeurs, les vinaigres balsamiques vendus en supermarché contiennent naturellement du sucre mais aussi très souvent (et c'est moins naturel), un colorant caramel E150d. C'est le cas du vinaigre de la marque leader : Maille.

### Pour la cuisson

L'huile d'arachide (goût neutre) et l'huile d'olive (légèrement parfumée) peuvent convenir. Ces huiles résistent mieux à la chaleur que les autres huiles. Inutile d'utiliser une huile d'olive bio pour la cuisson car s'il est vrai qu'elle résiste mieux aux températures élevées que les autres, elle se dégrade toujours un peu quand même. Autant dans ce cas acheter une huile d'olive moins chère (Lesieur, Puget, MDD).

### Les vinaigrettes incontournables

- **Vinaigrette de base** : sel, vinaigre, jus de citron, mélange d'huiles colza/olive
- **Vinaigrette à la moutarde** : sel, moutarde, vinaigre, mélange d'huiles colza/olive
- **Vinaigrette à l'ail ou à l'oignon** : sel, ail ou oignon (mélanger pour faire absorber le sel par l'ail ou l'oignon), vinaigre, mélange d'huiles colza/olive

Vous pouvez ajouter d'autres ingrédients à votre vinaigrette de base pour l'aromatiser.

- **Des herbes aromatiques** : persil, basilic, coriandre fraîche ou origan, ciboulette... Sachez qu'il existe des mélanges surgelés spécial salades qui peuvent dépanner. Choisissez-les toujours bio car les aromates concentrent davantage les pesticides.
- **Des épices** : curry, curcuma, cumin moulu, paprika , piment d'Espelette... selon la couleur et la touche d'exotisme que vous voulez donner à votre salade.
- **Mais aussi** : des cornichons, des oignons grelots, des câpres, des anchois pillés, des oeufs durs hachés finement, etc.

### N'ayez pas peur du gras

Les graisses sont indispensables à notre santé, ce serait vraiment une mauvaise idée de vouloir les supprimer.

- Les graisses contribuent à la satiété
- Elles sont indispensables pour le cerveau composé à 60 % de gras
- Elles ont une influence sur notre humeur
- Certaines nous aident à lutter contre l'inflammation

## 5 recettes de vinaigrette maison

### Vinaigrette à l'huile de noix

**Pour les salades endive-pomme ou mâche-betterave-baies roses, pour les salades frisées ou la roquette…**

• 2 c. à s. d'huile de noix • 2 c. à s. d'huile d'olive • 2 c. à s. de vinaigre de cidre bio • 1 c. à c. de moutarde à l'ancienne Monoprix Bio • 1 petite échalote émincée (facultatif) • Sel, poivre

### Vinaigrette au curry

**Pour relever la classique vinaigrette et donner une touche orientale à vos laitues et autres salades vertes**

• 2 c. à s. d'huile d'olive • 2 c. à s. d'huile de colza • 2 c. à s. de vinaigre balsamique bio • 1 c. à c. de moutarde • 1 c. à c. rase de curry • Sel, poivre

### Vinaigrette à la tapenade

**Accompagne à merveille salade d'épinards, le mesclun, la rougette ou la laitue batavia…**

• 1 c. à s. d'huile d'olive • 1 c. à s. de tapenade noire • 2 c. à s. d'huile de colza • 2 c. à s. de vinaigre de Xérès • Sel, poivre

### Sauce au yaourt et aux herbes

**Parfait comme sauce salade ou pour accompagner les dips de crudités (carotte, fenouil, tomates cerises, champignons…)**

• 1 yaourt • 1 c. à s. d'huile d'olive • ½ gousse d'ail écrasée • 1 petit oignon frais émincé • Aneth, menthe, persil et/ou ciboulette • ½ citron pressé • ½ c. à c. de sucre • Sel, poivre

### Sauce orientale à la coriandre

**Donne du peps aux salades de crudités, notamment celles avec des fruits de mer**

• 1 c. à s. d'huile d'olive • 2 c. à s. d'huile de colza • 2 c. à s. de jus de citron • 1 gousse d'ail écrasée • 1 petit bouquet de coriandre fraîche hachée • Sel

## Crème fraîche et crème fouettée

La crème fait partie du patrimoine culinaire français et entre dans la composition de nombreuses recettes en donnant de l'onctuosité et une saveur délicate aux plats et aux sauces. Elle contient principalement de l'eau et de 12 à 30 % de graisses. On pourrait croire que, comme le beurre, la crème est un aliment peu transformé, sans agents cosmétiques. En réalité, et à notre grande surprise, même dans la crème, on trouve des additifs.

Les crèmes du supermarché sont toutes fabriquées par écrémage du lait (on centrifuge le lait pour séparer la crème du lait écrémé). La crème obtenue est liquide et selon la force de l'écrémage, plus ou moins riche en matières grasses.

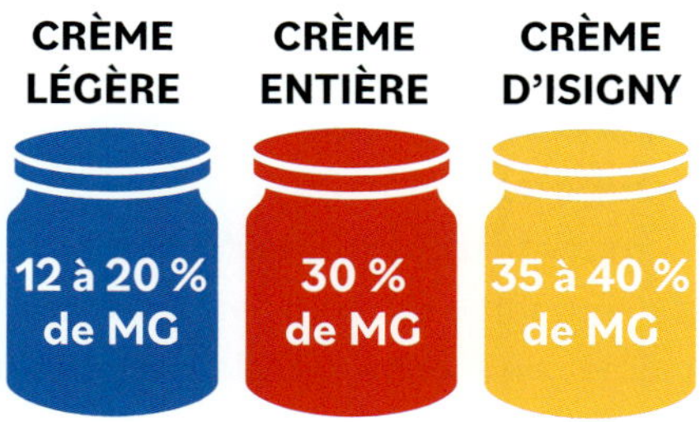


Pour pouvoir la conserver, la crème est ensuite soit pasteurisée, c'est-à-dire chauffée à 95 °C pendant 30 secondes, elle est alors vendue au rayon frais, soit stérilisée à 150 °C pendant 2 secondes puis refroidie (procédé UHT), elle est alors vendue en briques au rayon ambiant.

### Crème fraîche épaisse

Il s'agit d'une crème (légère ou entière) à laquelle on a ajouté des ferments lactiques et que l'on a laissée maturer. Cette maturation donne une texture épaisse et développe des arômes. Le terme « épaisse » ne signifie donc pas qu'elle est plus grasse qu'une crème liquide. Généralement la crème épaisse est conditionnée dans des pots ronds en plastique ou en verre et vendue au rayon frais.

### Méfiez-vous des crèmes légères !

De façon générale, on préférera une crème entière à une crème légère. Comme nous le signalons régulièrement dans notre guide *Le Bon Choix au supermarché*, dès qu'un produit est allégé en matières grasses, les industriels dégainent leurs agents cosmétiques. Ici des additifs destinés à stabiliser, homogénéiser et donner de la texture :

- émulsifiants (E471),
- stabilisants et épaississants (amidons modifiés, amidon de maïs, gomme xanthane, carraghénanes, pectines). À l'arrivée vous avez l'assurance d'avoir moins de gras mais plus de sucres. Ce conseil vaut aussi bien pour les crèmes liquides que pour les crèmes épaisses.

### Exception

*La crème légère liquide Condé sur Vire d'Elle & Vire, composée uniquement de crème légère à 18 % de matière grasse et de protéines de lait. Au rayon ambiant.*

## Épaisse ou fluide, bien choisir sa crème entière

Ce choix dépend bien sûr du type de préparation envisagée, mais pas que. Les crèmes entières épaisses sont composées uniquement de crème pasteurisée et de ferments. Vous pouvez les acheter les yeux fermés. Pour ce qui est des crèmes entières liquides (fleurette), ouvrez l'œil. Après avoir passé le rayon au peigne fin, seules trois crèmes fluides ne contiennent pas d'additifs.

**Crème fleurette Monoprix**

**Crème fraîche fluide Monoprix Bio**

**Crème fraîche fluide U**

## Et la crème fouettée en bombe, ça vaut quoi ?

La composition des crèmes fouettées vendues en bombe est globalement toujours la même : de la crème (entière ou légère), du sucre, des émulsifiants (E471), un stabilisant (en général des carraghénanes et/ou des alginates extraits des algues), un gaz propulseur et parfois un arôme vanille.

### Le conseil de laNutrition

Si vous voulez une crème fouettée peu sucrée et sans additifs, pas de mystère : il faut la préparer soi-même. La vraie crème chantilly est fabriquée avec de la crème crue que l'on trouve chez le fromager. Top, mais pas toujours facile à trouver ! Le plus simple est de préparer une crème fouettée avec une crème liquide pasteurisée sans additifs (voir recette ci-contre). On peut également réaliser une crème fouettée avec de la crème épaisse diluée dans un peu de lait pour un résultat un peu plus acide et un peu moins ferme mais tout aussi intéressant sur le plan gustatif.

### Crème fouettée bio maison

- 25 cl de crème fraîche fluide Monoprix Bio
- 20 g de sucre glace bio (facultatif)

Déposer la crème bien froide dans un grand bol refroidi au réfrigérateur.

Ajouter le sucre glace.

Battre au batteur électrique, vitesse maximale, pendant 3 à 5 minutes, jusqu'à obtenir une crème à la consistance aérienne et ferme.

# Béchamel

Pour préparer des lasagnes dans la pure tradition ou des croque-monsieur vous aurez besoin d'une sauce béchamel. Une vraie béchamel, c'est quoi ? Du lait, de la farine, du beurre, du sel, du poivre, de la noix de muscade et c'est tout. Le problème, c'est que si vous suivez la recette de votre grand-mère, la préparation prend un peu de temps et souvent des grumeaux apparaissent. Gênant.

La tentation est alors grande d'acheter un doypack de béchamel au rayon frais ou une brique au rayon ambiant. Avant de céder à la facilité, jetez un rapide coup d'œil à la liste des ingrédients : lait reconstitué, amidon modifié, épaississants, émulsifiants, arômes, colorants... Déçu ? Eh oui, pas de miracle en ce bas monde, une sauce béchamel doit toujours être « maison ». Ci-dessous une recette facile plébiscitée par la communauté de marmiton.org.

## Béchamel maison express !

• 20 g de beurre • 2 c. à s. de farine • 25 cl de lait

Dans un grand récipient, faire fondre le beurre 1 minute au micro-ondes. Ajouter la farine en remuant bien.

Porter le lait à ébullition, le laisser bouillir quelques instants. Verser le lait sur le mélange farine/beurre en fouettant. Assaisonner (sel, poivre). Remettre le tout au micro-ondes pendant 1 minute.

Bien fouetter, c'est prêt !

Pour une version vegan, remplacer le beurre par de l'huile d'olive ou de colza et le lait par du jus de soja ou un bouillon de légumes (sauce blanche).

# Bouillon cube

Le bouillon est un ingrédient essentiel de la cuisine de tous les jours. Il donne du goût aux soupes, potages, pilafs, sauces, ragoûts, etc. Qu'il soit de viande ou de légumes, un bouillon traditionnel se prépare en faisant cuire ensemble dans de l'eau divers ingrédients : pièces de viande (veau, bœuf, volaille) ou carcasses de volaille, légumes (carotte, céleri, oignons ou poireaux), herbes aromatiques (laurier, thym, persil), épices (grains de poivre entier)… On laisse le tout mijoter doucement 3 ou 4 heures, on retire l'écume régulièrement, ensuite on filtre, on réfrigère et pour finir, on ôte le gras qui a figé en surface. Mis à part les chefs cuisiniers et votre arrière-grand-mère, qui encore aujourd'hui prépare des bouillons ? Personne… parce que Knorr et Maggi ont trouvé la solution géniale : le bouillon cube.

## Un bouillon cube, c'est quoi ?

D'abord du sel, toujours en première position. Ensuite vient souvent le glutamate, un exhausteur de goût (E621) prisé par l'industrie agroalimentaire et toxique à haute dose dans des études menées chez l'animal.

Puis apparaissent les mauvais sucres (fécule, amidon, dextrose, maltodextrine, sirop de glucose, caramel…), les arômes, les acidifiants, les graisses de palme… Miam ! Seuls ingrédients « naturels » : quelques épices et herbes aromatiques, des traces de viande et de légumes représentant moins de 10 % du produit.

## Bio, c'est mieux ?

Pas vraiment. On retrouve la même « soupe » chimique. Vous trouverez peut-être des bouillons cubes bio qui ne contiennent pas de glutamate, mais ne vous réjouissez pas trop vite. Ils contiennent de l'extrait de levure qui en renferme.

**Le conseil de laNutrition**

Oubliez les bouillons cubes, les fonds de sauce, les fumets de poisson et autres concentrés vendus sous forme de poudre ou liquide. Ces produits ultra-transformés ne méritent pas de franchir la porte de votre cuisine. Les seuls produits qui nous paraissent acceptables sont les bouillons liquide Maggi.

## Crème végétale

Soja cuisine, avoine cuisine, amande cuisine... Les alternatives végétales à la crème fraîche bénéficient d'une bonne image. 100 % végétales, exemptes de graisses saturées et de lactose contrairement aux crèmes issues du lait, elles ont l'image d'aliments santé. Elles réservent pourtant quelques surprises...

### Que contiennent ces aides culinaires ?

Qu'elles soient de soja, d'avoine, de riz ou d'amande, les crèmes végétales sont toutes formulées de la même façon : un mélange d'eau et d'extrait de « graines » (soja, amande, avoine, riz), une matière grasse (de l'huile de tournesol), du sucre (sirop de blé, de riz, de maïs, d'agave, sucre de canne...), divers épaississants et stabilisants (caroube, xanthane, carraghénane, guar), un émulsifiant, des arômes et du sel. Pour la crème soja « gratin », ajoutez de l'amidon de blé. La liste des ingrédients d'une crème végétale est donc bien plus longue que celle d'une crème fraîche.

Tous ces produits entrent dans la catégorie des aliments ultra-transformés, des aliments que nous ne devrions consommer qu'occasionnellement.

### Exception

*L'Avoine cuisine de Bjorg : pas d'émulsifiants, pas de sucres ajoutés, pas d'arômes. Cependant, il est pauvre en lipides, il faut donc l'enrichir en matières grasses (huile d'olive, de colza, de coco...) pour plus de goût et d'onctuosité.*

### Les alternatives saines à la crème fraîche si vous êtes vegan

- **Les crèmes et laits de coco** : ils contiennent généralement moins d'additifs que les autres crèmes végétales. Nous vous conseillons ceux qui sont les plus riches en noix de coco et renferment le moins d'additifs : Kara bio, Jardin Bio.

- **Les yaourts de soja** : ceux de la marque Sojade vendus en magasins bio ont notre préférence car ils sont exempts d'additifs. Les crèmes dessert nature et yaourts de soja bio du supermarché peuvent convenir bien qu'ils contiennent un peu d'amidon.

- **Les purées d'oléagineux** (amandes, noisettes, noix de cajou...) : on les trouve désormais en supermarché au rayon diététique ou bio. Vous pouvez confectionner des crèmes en mélangeant quelques cuillères de purée d'oléagineux à du jus de soja bio (Bjorg, Céréal Bio ou MDD) et un peu d'huile de colza.

- **Le tofu soyeux** (vendu uniquement en magasin bio pour l'instant) : il est idéal pour remplacer le mélange œufs battus-crème dans une quiche ou une mousse. Il donne la même texture et a un goût neutre.

- **La crème épaisse de soja lacto-fermentée Sojami** (vendue elle aussi en magasin bio) peut s'utiliser en lieu et place de la crème fraîche épaisse. Vos papilles n'y verront que du feu !

01

# Apéro

1 bocal de pois chiches au naturel Jardin Bio (environ 400 g égouttés)

+

1 c. à s. d'huile d'olive vierge extra bio

+

- ½ c. à c. de curry
- 1 c. à c. de cumin
- Poivre
- 1 c. à c. de sésame grillé

100% VEGAN

# Pois chiches grillés aux épices

POUR 6 • PRÉPA. 10 MIN • CUISSON 15 MIN

Égoutter les pois chiches.

Verser les pois chiches dans un saladier puis les mélanger avec l'huile et les épices.

Répartir les pois chiches épicés sur une plaque de four recouverte de papier cuisson et enfourner pour 10 minutes à 180 °C puis 5 minutes en position grill.

Saupoudrer de sésame grillé. Laisser refroidir avant de servir.

**Astuce !**

Si vous avez des difficultés à digérer les pois chiches, pensez à retirer leur peau. C'est elle qui est responsable des éventuelles flatulences engendrées. Le sésame grillé permet d'apporter la touche salée sans utiliser de sel !

1 bocal d'asperges miniatures (vertes ou blanches)

+

5 tranches de jambon de Parme

# Fagots d'asperges au jambon

POUR 3 • PRÉPA. 5 MIN • CUISSON 15-20 MIN

Préchauffer le four à 180 °C.

Sur une feuille de papier cuisson, réaliser des bottes de 3 asperges et les entourer de lanières de jambon sec.

Mettre au four 15-20 minutes. Déguster.

## Pour le jambon cru, faites le bon choix !

Parmi les jambons secs, seuls les jambons italiens conditionnés en Italie sont exempts de sucres ajoutés et de sels nitrités. Ils renferment simplement du jambon et du sel. Le plus connu est le jambon de Parme. Essayez d'en trouver un qui soit peu salé, c'est-à-dire contenant plutôt 5 que 6 g de sel pour 100 g.

1 boîte de sardines
à l'huile d'olive bio
Les Dieux

1 yaourt nature bio

1 citron bio

- 1 petit oignon
- Persil frais
- Herbes de Provence, sel, poivre

# Rillettes de sardines au persil

POUR 6 • PRÉPA. 10 MIN • REPOS 1 H

Égoutter les sardines et les émietter dans un bol.

Ajouter le yaourt nature et mélanger.

Assaisonner ensuite à l'aide du jus d'un citron, d'un oignon émincé, d'herbes de Provence, de persil ciselé, de poivre et de sel.

Mettre au frais au moins une heure. Déguster.

1 pâte feuilletée
pur beurre Marie

+

½ pot de pesto genovese
Giraudet

+

Parmesan (facultatif)

# Feuilletés
## au pesto & co

POUR 6 • PRÉPA. 5 MIN • CUISSON 20 MIN

Préchauffer le four à 180 °C.

Sur une feuille de papier cuisson, disposer la pâte, étaler une fine couche de pesto.

Parsemer de parmesan si vous l'aimez.

Plier la pâte en deux. Découper de fines lamelles et les torsader.

Enfourner 20 minutes environ.

**Variante !**

Vous pouvez remplacer le pesto vert par une anchoïade douce (voir pages 46-47), un pesto rouge ou une tapenade de chez Jean Martin.

1 sachet de crackers
3 graines U bio

12 olives noires dénoyautées
à la grecque Tramier
- 25 % de sel

- 4 tomates
- 2 c. à s. d'huile d'olive vierge extra bio
- Basilic frais
- 1 petit oignon
- Sel, poivre

100% VEGAN

# Verrines de crumble de tomates

POUR 4 • PRÉPA. 10 MIN

Laver les tomates et l'oignon puis les couper en brunoise.

Égoutter les olives et les couper également en petits dés.

Mélanger le tout et assaisonner à l'aide d'huile, de sel, de poivre.

Écraser les crackers directement dans le sachet en appuyant fortement dessus.

Remplir les verrines des tomates assaisonnées et recouvrir de crackers émiettés.

Décorer à l'aide du basilic frais.

**Info nutrition !**

Les crackers 3 graines de U bio sont fabriqués avec de la farine de blé complète, des graines de tournesol, sésame et lin, de l'huile d'olive et des flocons d'avoine. Il s'agit d'un aliment peu transformé qui ne contient qu'un seul agent cosmétique, du malt d'orge pour le goût. Une bonne alternative à votre tranche de pain du repas.

1 pot de sauce tomate basilic Jardin Bio

+

Emmental Président Sel réduit de 30 %

+

- Huile d'olive vierge extra bio
- 2 courgettes
- Chorizo Casa Ramon (facultatif)

# Mini pizzas de courgettes

POUR 4 • PRÉPA. 10 MIN • CUISSON 13 MIN

Faire préchauffer le four à 180 °C.

Laver les courgettes, retirer les extrémités et les découper en rondelles de 1 cm d'épaisseur.

Disposer les rondelles sur une plaque allant au four recouverte de papier cuisson et les arroser d'un filet d'huile d'olive. Placer le tout au four 10 minutes environ.

Sortir la plaque du four et sur chaque rondelle, déposer de la sauce tomate, couvrir de fromage râpé et (facultatif) disposer quelques morceaux de chorizo.

Placer au four quelques minutes à 180 °C jusqu'à ce que le fromage soit fondu. Servir tiède.

## Variante !

Cette recette peut se décliner avec des rondelles d'aubergines ou des chapeaux de champignons de Paris. La sauce tomate étant déjà salée, on privilégiera un fromage avec une teneur réduite en sel comme l'Emmental râpé Président Sel réduit de 30 %.

2 filets de maquereau Delpierre au poivre

+

Crème fraîche fluide U

+

- 1 jus de citron
- Cébettes hachées
- Coriandre

# Rillettes
## de maquereau à la coriandre

POUR 6 • PRÉPA. 10 MIN

Effilocher le maquereau à la fourchette.

Ajouter les cébettes et la coriandre hachées.

Ajouter le jus de citron.

Verser de la crème liquide pour lier le tout.

Inutile de saler, vous pouvez déguster.

100 g de fromage fouetté Madame Loïk

+

Des cerneaux de noix

+

- 1 c. à s. d'huile d'olive vierge extra bio
- 1 bouquet de cerfeuil
- 1 c. à s. de vinaigre
- Herbes de Provence, sel, poivre

# Tartinade
## aux noix

POUR 6 • PRÉPA. 10 MIN

Dans un bol, mixer le fromage avec le vinaigre et l'huile.

Ciseler le cerfeuil et l'ajouter à la préparation.

Incorporer les cerneaux de noix préalablement concassés.

Assaisonner ensuite à l'aide d'herbes de Provence, de sel et de poivre.

### Variante !

Si vous n'avez pas de fromage Madame Loïk, vous pouvez utiliser un Carré frais bio Elle & Vire. On évitera le fromage Philadelphia qui contient des stabilisants et des ingrédients transformés (protéines de lait, perméat de lactosérum) et plusieurs additifs (stabilisant, acidifant).

1 yaourt à la grecque bio

+

½ concombre bio

+

- 1 bouquet d'aneth
- Quelques feuilles de menthe
- Sel, poivre

# Tzatziki
## à l'aneth et à la menthe

POUR 6 • PRÉPA. 10 MIN

Laver le concombre, le peler, l'épépiner et le râper. Piler l'ail.

Dans un bol, mélanger le yaourt, le concombre et l'ail.

Ajouter les herbes préalablement ciselées. Saler et poivrer.

### Le bon plan !

Le tzatziki extra de l'atelier Blini. Il renferme du yaourt grec. La matière grasse ajoutée est de qualité (huile d'olive) et la teneur en concombre est élevée (30 %). En dépit de la présence d'un épaississant (gomme xanthane), le produit reste correct. C'est une alternative acceptable. À noter que la version bio renferme de l'huile de tournesol à la place de l'huile d'olive (moins équilibrée).

1 c. à c. d'huile d'olive vierge extra bio

2 avocats bio

2 tomates bio

- 1 oignon
- 1 bouquet de coriandre
- 1 citron
- 1 c. à c. de piment d'Espelette
- Sel, poivre

# Guacamole au piment d'Espelette

100% VEGAN

POUR 6 • PRÉPA. 10 MIN

Éplucher, épépiner et couper les tomates en brunoise.

Éplucher et ciseler l'oignon. Hacher également la coriandre. Presser le citron.

Dénoyauter les avocats et récupérer la chair à l'aide d'une cuillère.

Dans un bol, écraser les avocats à l'aide d'une fourchette et ajouter immédiatement le jus de citron pour éviter l'oxydation.

Incorporer l'oignon, les dés de tomates, la coriandre, le piment et l'huile d'olive.

Mélanger soigneusement le tout. Assaisonner selon votre convenance.

## Info conso !

Les guacamoles vendus au rayon frais ou ambiant sont tous des produits ultra-transformés, « bourrés » d'additifs et d'agents cosmétiques : sucres, acidifiants, correcteurs d'acidité, colorants, protéines de lait, flocons de pommes de terre... Et les mélanges d'épices pour guacamole, sont d'aussi mauvaise qualité que les bouillons cubes. Conclusion : le guacamole, c'est toujours fait maison !

# LE BON PLAN DIPS

Pour varier des chips et des cacahuètes, et si vous n'avez pas le temps (ou l'envie) de préparer vous-même les tartinades, voici plusieurs préparations que vous pouvez acheter les yeux fermés. Vous pourrez y tremper des bâtonnets de crudités de saison (radis, concombre, carotte, céleri, chou-fleur...), des gressins, des crackers aux graines ou proposer des petits toasts de pain grillé au levain pour permettre à chacun de se servir à la cuillère. Vous pouvez également réaliser des barquettes d'endive.

## ANCHOÏADE DOUCE
JEAN MARTIN

» 40 % d'olives avec des anchois et de l'huile d'olive, c'est exactement la recette de l'anchoïade en Provence. Un classique incontournable.

COMPOSITION : olives vertes cassées Salonenque ou Béruguette de Provence (41 %), anchoïade (35 %, anchois salés, huile d'olive vierge extra, vinaigre), huile d'olive vierge extra, vinaigre, ail, poivre.

## RILLETTES DU MANS BIO
BAHIER

» Une quantité de viande supérieure à celle des autres rillettes. Tous les ingrédients sont issus de l'agriculture biologique et le goût est au rendez-vous.

COMPOSITION : viande de porc*, gras de porc*, sel de Guérande, poivre*. (Porc* 137 g pour 100 g de produit fini). *Ingrédients issus de l'agriculture biologique.

## TAPENADE D'OLIVES NOIRE
PUGET

» La recette traditionnelle de la tapenade. Un autre classique incontournable.

COMPOSITION : olives noires (87 %), câpres, huile d'olive vierge extra, ail, pâte d'anchois, vinaigre, sel, thym, origan.

## DELICE DE TOMATES SÉCHÉES
CARREFOUR

» Produit peu transformé, avec une bonne part d'huile d'olive. Aucun additif.

COMPOSITION : tomates séchées réhydratées 46 % (tomates séchées 23 %, eau), huile d'olive vierge extra 28 %, huile de tournesol 7 %, double concentré de tomate, eau, vinaigre de vin rouge, ail, basilic, origan, romarin, thym, sel, jus de citron concentré.

## HOUMOUS
LUCIEN GEORGELIN

» Une autre valeur sûre de l'apéro, le houmous. Ici, la pâte de sésame utilisée traditionnellement a été remplacée par de l'huile d'olive parfumée avec du gingembre et du citron.

COMPOSITION : pois chiches cuits* 79 % (eau, pois chiche), huile d'olive vierge extra*, sel , ail*, gingembre*, jus de citron concentré*, poivre blanc moulu*.
*Ingrédients issus de l'agriculture biologique.

02

# Salades

100% VEGAN

# Taboulé
# de quinoa

1 sachet de trio de poivrons bio surgelés

+

1 sachet de quinoa bio au naturel

+

- Huile d'olive vierge extra bio
- Feta (facultatif)
- 1 oignon doux
- 1 gousse d'ail
- 2 tomates
- Quelques brins de menthe et de coriandre
- Sel, poivre

POUR 4 • PRÉPA. 10 MIN • CUISSON 19 MIN

Réchauffer le quinoa pendant 2 minutes au micro-ondes.

Dans une poêle, faire revenir les poivrons avec un peu d'huile d'olive pendant 6 à 7 minutes. Laisser tiédir.

Pendant ce temps, laver les tomates et les couper en dés. Émincer l'oignon.

Dans un saladier, mélanger le quinoa, les poivrons avec les dés de tomates et l'oignon. Ajouter la feta émiettée (facultatif) et parsemer de menthe et de coriandre ciselées.

Saler, poivrer, assaisonner avec une vinaigrette (voir p. 15).

### Le bon plan !

Le taboulé de quinoa bio de Jean Martin est une bonne alternative à avoir dans son placard : 31 % de quinoa, 50 % de légumes, de la menthe et du persil, le tout cuisiné à l'huile d'olive. Aucun additif. À consommer tel quel ou en verrine, recouvert de morceaux de tomates et de roquette.

1 paquet de lentilles cuites sous vide à la vapeur Lunor

+

100 g de roquette, bio de préférence

+

3 œufs bio Bleu-Blanc-Cœur

+

- Des pignons de pin (facultatif)

# Salade de lentilles

POUR 3 • PRÉPA. 10 MIN • CUISSON 5 MIN

Faire chauffer de l'eau jusqu'à ébullition et plonger les œufs 5 minutes dans l'eau bouillante afin d'obtenir des œufs mollets.

Préparer une vinaigrette dans un saladier (voir p. 15).

Faire tiédir les lentilles 1 minute au micro-ondes en position puissance maximale.

Mélanger les lentilles, la roquette et la vinaigrette dans le saladier. Ajouter des pignons de pin (facultatif).

Servir et déposer l'œuf mollet dans chaque assiette.

## Pour vos œufs, faites le bon choix !

Préférez les œufs fermiers pondus par des poules élevées en plein air (code 0 ou 1), si possible nourries aux graines de lin (label Bleu-Blanc-Cœur) et si possible bio (label AB). Mission impossible ? Non. Vous trouverez ces œufs dans les magasins U (marque U) et chez Lustucru. Nourrir les poules aux graines de lin permet d'enrichir le jaune des œufs en oméga-3, des graisses importantes pour la santé et rares dans notre alimentation.

1 sachet de rondelles de tentacules d'encornet géant cuites Gineys

+

1 pot d'olives vertes dénoyautées à la grecque Tramier - 25 % de sel

+

- Huile d'olive vierge extra bio
- 1 tomate
- 1 oignon
- 1 gousse d'ail
- Persil
- Huile de colza
- 1 citron
- Sel, poivre, piment

# Salade de poulpe méditerranéenne

POUR 2 • PRÉPA. 8 MIN • REPOS 1 H

Bien égoutter les rondelles de tentacules d'encornet.

Couper la tomate, les olives et les oignons en dés.
Hacher l'ail avec quelques brins de persil.

Mettre tout ces ingrédients dans un saladier. Ajouter les fruits de mer et bien mélanger le tout.

Préparer une vinaigrette avec l'huile d'olive, l'huile de colza et du jus de citron. Ajouter sel, poivre et un peu de piment.

Mélanger encore délicatement pour que tous les parfums se marient.

Laisser mariner au réfrigérateur au moins une heure.

# Buddha bol au saumon

Cubes de saumon fumé graines de sésame et pavot Monoprix Gourmet

+

1 sachet Quinoa graines gourmandes Jardin Bio

+

- 100 g de pousses d'épinards
- 125 g de chou rouge émincé
- 2 carottes râpées
- 1 avocat
- Persil frais

POUR 2 • PRÉPA. 10 MIN • CUISSON 2 MIN

Émincer l'avocat en fines tranches et, à l'aide d'un économe, râper les carottes pour former des tagliatelles.

Faire tiédir le quinoa comme indiqué sur l'emballage.

Dans deux grandes assiettes creuses, dresser les cubes de saumon. Déposer les tranches d'avocat, les tagliatelles de carottes, les pousses d'épinards et le chou rouge émincé.

Ciseler du persil au milieu de l'assiette.

Préparer une vinaigrette au vinaigre balsamique et la répartir sur l'assiette. Déguster.

### Pour le saumon, faites le bon choix !

Dans les cubes de saumon fumé de Monoprix Gourmet, on trouve du saumon (93,1 %) avec du sel, des graines de sésame et de pavot. Pas d'additifs, pas de sucres ajoutés, c'est bien et c'est suffisamment rare dans les saumons préparés pour être signalé. Les émincés de saumon 5 baies ou aneth citron contiennent souvent du sirop de glucose.

2 pots de houmous l'atelier Blini

+

125 g de mâche bio

+

1 sachet express Riz, Soja, Sésame de Céréal Bio

+

- Quelques cerneaux de noix
- 16-20 tomates cerises
- 1 petit concombre
- 1 oignon rouge

100% VEGAN

# Buddha bol végétarien

POUR 4 • PRÉPA. 10 MIN

Émincer le concombre et l'oignon, couper les tomates cerises en deux.

Dans de grandes assiettes creuses, disposer les feuilles de mâche et les cerneaux de noix, les rondelles d'oignons, le mélange riz, soja, sésame, et poursuivre avec les tomates et les rondelles de concombre.

Assaisonner à l'aide d'une vinaigrette au citron (voir p. 15).

Au centre de chaque assiette, déposer 2 c. à s. de houmous.

½ sachet de pommes grenaille surgelées (Findus, Pom Bistro...)

+

1 œuf bio Bleu-Blanc-Cœur

+

2 c. à s. de mayonnaise Bénédicta Comme à la maison

+

- 1 betterave bio cuite (Casino, U...)
- 5 ou 6 radis
- 1 bulbe de fenouil
- Quelques brins de ciboulette
- 1 poignée de graines de courge

# Buddha bol énergie

POUR 1 • PRÉPA. 20 MIN • CUISSON 15 MIN

Cuire les pommes de terre au four pendant 15 minutes.

Pendant ce temps, faire cuire un œuf dur. Une fois refroidi, l'écaler.

Laver le fenouil et le découper en fines lamelles. Émincer la betterave en tranches. Émincer les radis.

Dresser dans une assiette quelques pommes de terre puis des tranches de betterave, du fenouil et des rondelles de radis.

Ajouter l'œuf dur et déposer les deux cuillères de mayonnaise au centre de l'assiette.

Parsemer de ciboulette hachée et de graines de courges.

## Le bon plan !

Le Buddha bol-chèvre Mix : du blé cuisiné avec des tomates et des amandes, des carottes, des radis, de la salade verte, des fèves de soja, du fromage de chèvre et une sauce à l'huile de colza sans épaississant.

600 g de brocolis bio surgelés

1 c. à c. de moutarde à l'ancienne bio Monoprix

- 2 c. à s. d'huile d'olive vierge extra bio
- 2 carottes
- 1 sachet de pignons de pin
- Sel

# Salade de brocolis et pignons

POUR 4 • PRÉPA. 10 MIN • CUISSON 6 MIN

Cuire les brocolis dans une casserole d'eau, comme l'indique l'emballage puis les laisser refroidir.

Peler les carottes et les découper en tagliatelles à l'aide d'un économe.

Réaliser une vinaigrette avec de la moutarde à l'ancienne (voir p. 15).

Dans un saladier, mélanger les brocolis, les carottes, le maquereau émietté avec la vinaigrette et ajouter des pignons de pin.

### Moutarde à l'ancienne, faite le bon choix !

Toutes les moutardes à l'ancienne renferment deux additifs (un acidifiant, un conservateur), des arômes, et chez Maille, vous avez du sucre en prime. Toutes... sauf la moutarde à l'ancienne bio Monoprix : zéro additif, zéro arôme, zéro sucre.

1 paquet de crevettes décortiquées coriandre citron bio Miti

+

250 g d'haricots mungo germés

+

- 1 pamplemousse
- ½ citron
- 1 avocat
- 2 c. à s. d'huile d'olive vierge extra bio
- Aneth frais
- Sel, poivre

# Salade de crevettes à la coriandre

POUR 2 • PRÉPA. 10 MIN

Peler l'avocat, l'émincer et l'arroser de jus de citron.

Peler le pamplemousse et le couper en tranches.

Dans un saladier, déposer les haricots mungo puis l'avocat, le pamplemousse et les crevettes préalablement égouttées.

Arroser d'huile d'olive, saler, poivrer et décorer d'aneth ciselé et servir.

**Le plus !**

Les crevettes bio coriandre citron de Miti sont des crevettes décortiquées dans une marinade non sucrée, sans additifs ! Une composition très simple : des crevettes, de l'huile, du citron confit et de la coriandre. Rien à dire. Bon et sain.

100 g de fusilli crues

+

100 g de roquette bio

+

5 tranches de jambon de Parme

+

- 50 g de parmesan en copeaux
- Vinaigrette au vinaigre balsamique (voir p. 15)

# Salade dolce vita au parmesan

POUR 3 • PRÉPA. 5 MIN • CUISSON 8 MIN

Faire cuire les linguine 8 minutes dans l'eau bouillante.

Pendant ce temps, préparer la vinaigrette dans un saladier.

Égoutter les pâtes puis les faire refroidir à l'eau froide.

Les verser dans le saladier, puis ajouter le jambon préalablement coupé en lamelles et les copeaux de parmesan. Finir par la roquette. Mélanger et déguster.

# Salade
# de tofu aux herbes

1 mélange de jeunes pousses bio
1 sachet de mâche bio
1 sachet de crudités mélangées Florette

\+

1 paquet de tofu aux herbes Céréal Bio

\+

- Des champignons de Paris
- 1 ou 2 avocats
- Sel, poivre

POUR 4 • PRÉPA. 10 MIN

Dans un saladier, réaliser une vinaigrette au vinaigre balsamique (voir p. 15).

Mélanger des jeunes pousses de salades avec de la mâche.

Ajouter le mélange de crudités variées, l'avocat et les champignons émincés.

Terminer avec des morceaux de tofu aux herbes.

**Variante !**

Si vous avez le temps, râpez vous-même un mélange de chou-rave/carottes/betterave rouge crus. Vous pouvez également prendre du tofu nature que vous faites macérer dans de l'huile d'olive, citron, gingembre et un filet de tamari.

2 tartares de saumon cru Océan Délice

+

4 c. à s. de graines de sésame Daco Bello

+

- 3 ou 4 endives
- 1 gros avocat
- 2 c. à s. d'huile d'olive vierge extra bio
- 2 c. à s. d'huile de colza
- 2 c. à s. de vinaigre de Xérès
- ½ citron

# Trio endive, avocat, saumon

POUR 4 • PRÉPA. 10 MIN

Couper la chair de l'avocat en dés et l'arroser d'un peu de jus de citron.

Couper les endives en fines lamelles.

Dans une assiette, séparer les dés de saumon crus à l'aide d'une fourchette. Mélanger ces trois ingrédients dans un saladier.

Préparer la vinaigrette et la verser sur la salade.

Remuer délicatement et répartir dans les assiettes.

Parsemer du mélange de graines.

**Variante !**

Vous pouvez ajouter un fruit coupé en dés à cette salade. La pomme Granny, la mangue, le pamplemousse sont des fruits qui se marient très bien à l'ensemble.

1 bocal de haricots rouges (660 g égoutté) ou une barquette de haricots rouges cuits à la vapeur Lunor (500 g)

+

1 boîte de thon entier au naturel - 25 % de sel

+

200 g de maïs bio (Jardin Bio, Carrefour Bio...)

+

- 1 petit oignon rouge
- 1 avocat
- ½ c. à c. de piment d'Espelette en poudre
- Quelques tomates cerises
- Quelques brins de coriandre

# Salade de haricots **à la mexicaine**

POUR 4 • PRÉPA. 10 MIN

Dans un saladier, réaliser une vinaigrette au vinaigre balsamique (voir p. 15). Ajouter l'oignon émincé et mélanger.

Rincer les haricots rouges à l'eau dans une passoire. Bien les égoutter et les verser dans le saladier.

Ajouter le thon émietté, le maïs égoutté, l'avocat, le piment d'Espelette, les tomates cerises coupées en quatre et la coriandre émincée. Bien mélanger.

30 g de boulgour

+

3 c. à s. d'huile d'olive vierge extra bio

+

- 1 tomate
- ½ concombre
- ½ oignon rouge
- 1 citron
- 1 bouquet de persil
- ½ bouquet de menthe

100% VEGAN

# L'authentique taboulé libanais

POUR 2 • PRÉPA. 15 MIN • CUISSON 10 MIN

Cuire le boulgour pendant 10 minutes afin de le garder légèrement croquant. L'égoutter, le rincer et le réserver.

Laver le persil et la menthe. Les sécher soigneusement et les hacher finement.

Couper l'oignon, la tomate et le concombre en petits dés.

Dans un saladier, mélanger le boulgour, les herbes et les légumes.

Assaisonner avec le sel, l'huile d'olive et le jus de citron. Placer au frais au moins 1 heure.

## Le bon plan !

Le taboulé libanais Bonduelle : 60 % de blé (boulgour et semoule), le reste est composé de tomates, concombre, persil et une vinaigrette. Certes ça n'égale pas un vrai taboulé (il y a beaucoup moins de persil) mais les huiles sont de qualité (olive et colza) et il n'y a aucun additif. C'est pas mal pour un produit du supermarché.

250 g de pâtes fusilli

1 pot de pesto Italians do it better (Monoprix)

1 sachet de pignons de pin

- 4 petites tomates rondes
- 1 courgette
- 1 oignon
- 100 g de roquette bio
- Sel, poivre

# Salade « Italians do it better »

POUR 4 • PRÉPA. 10 MIN • CUISSON 10 MIN

Faire cuire les pâtes selon les indications de l'emballage. Une fois cuites, les égoutter, les refroidir à l'eau froide.

Dans un saladier, mélanger les pâtes avec le pesto et réserver au frais.

Pendant ce temps, laver les légumes et les couper en dés.

Incorporer la brunoise de légumes ainsi que les pignons de pin aux pâtes. Mélanger, saler, poivrer et réserver au frais.

Au moment de servir, ajouter la roquette.

## Pour le pesto, faites le bon choix !

Tous les pestos du supermarché sont fabriqués à partir d'huile de tournesol et renferment du sucre. Tous sauf le pesto Italians do it better en vente chez Monoprix qui est à base d'huile d'olive et contient 85 g de basilic pour 135 g de pesto, et le pesto Giraudet.

600 g de choux de Bruxelles surgelés

+

4 tranches de jambon de Parme

+

1 c. à s. de moutarde à l'ancienne Monoprix Bio

+

- 4 poignées de noisettes décortiquées
- 3 c. à s. d'huile de noisette
- Sel, poivre

# Salade de choux de Bruxelles aux noisettes

POUR 4 • PRÉPA. 20 MIN • CUISSON 10 MIN

Cuire les choux de Bruxelles à l'autocuiseur ou à la casserole, durant 10 minutes. Les égoutter si besoin et les laisser refroidir.

Préparer une vinaigrette à partir de moutarde à l'ancienne et d'huile de noisette.

Couper les tranches de jambon en lamelles.

Concasser grossièrement les noisettes.

Dans un saladier, mélanger les choux de Bruxelles avec le jambon de Parme, les noisettes et assaisonner à l'aide de la vinaigrette à la noisette.

**Info nutrition !**

L'huile de noisette n'est pas une huile équilibrée comme l'huile de colza, elle est aussi beaucoup plus chère mais ses arômes délicats se marient très bien avec les choux de Bruxelles. Une fois de temps en temps, on peut se faire plaisir.

1 bocal de cœurs d'artichauts

+

1 pot de tomates séchées à l'huile d'olive Tradizioni d'Italia (Leclerc)

+

20 olives noires à la grecque Tramier - 25 % de sel

+

- Herbes de Provence
- Mozzarella (facultatif)
- Huiles d'olive et de colza
- Vinaigre de Xérès

# Salade de **cœurs d'artichauts**

POUR 2 • PRÉPA. 5 MIN

Égoutter fermement les cœurs d'artichauts. Les couper en morceaux et les déposer dans un saladier.

Ajouter les tomates séchées égouttées, les olives noires, quelques dés de mozarella (facultatif) et les herbes de Provence.

Assaisonner avec le poivre du moulin et une vinaigrette à l'huile d'olive et de colza (voir p. 15).

**Info conso !**

Attention, très souvent les olives à la grecque sont préparées avec de l'huile de tournesol. Celles de la marque Tramier, qu'elles soient entières ou dénoyautées, sont préparées avec de l'huile d'olive. Ce sont donc nos préférées.

1 bocal de pois chiches bio au naturel (660 g égoutté)

+

4 c. à s. d'huile de colza

+

- 2 oranges
- 1 oignon
- 1 bouquet de coriandre fraîche
- 2 c. à c. de cumin
- Sel, poivre

100% VEGAN

# Salade à la marocaine

POUR 4 • PRÉPA. 10 MIN

Égoutter les pois chiches.

Verser les pois chiches dans un saladier, arroser d'huile et assaisonner à l'aide de cumin, sel et poivre.

Peler les oranges et l'oignon puis les couper en dés.
Les mélanger aux pois chiches.

Ciseler la coriandre et l'incorporer à la préparation.

Servir froid.

1 sachet de poivrons grillés (450 g)

+

12 filets d'anchois à l'huile d'olive

+

3 c. à s. d'huile d'olive vierge extra bio

+

- 1 ou 2 gousse(s) d'ail
- Coriandre fraîche (facultatif)
- Poivre

# Salade de poivrons aux anchoix

POUR 4 • PRÉPA. 10 MIN • REPOS 1 H

Faire décongeler les poivrons grillés (12 heures avant).
Les déposer dans un plat.

Parsemer d'ail haché et éventuellement de coriandre fraîche.

Déposer les filets d'anchois sur les poivrons.

Ajouter l'huile d'olive. Poivrer.

Placer au frais 1 heure avant de servir.

1 sachet de jeunes pousses d'épinards (450 g)

60 g de fromage bleu fourme d'Ambert (à la coupe) ou Bleu de Bresse (emballé)

- 1 belle poire
- 1 sauce vinaigrette aux noix (lire p. 16)

# Épinards frais à la poire et au bleu

POUR 2 • PRÉPA. 5 MIN

Préparer la sauce vinaigrette dans un bol (voir p. 16).

Placer les pousses d'épinards dans un saladier.

Éplucher la poire et la couper en tranches fines (4-5 mm d'épaisseur). Déposer les morceaux sur la salade.

Parsemer de morceaux de bleu coupé en dés.

Verser la sauce et mélanger très délicatement.

Servir immédiatement.

## Fromages industriels, faites le bon choix !

Tous ne se valent pas. C'est dans la catégorie « à tartiner » qu'on trouve le plus de mauvais produits. Si le Carré Frais est de bonne qualité, le Philadelphia, la Vache qui rit ou le Rondelé aux noix contiennent des agents cosmétiques. Si vous êtes un peu perdu, restez sur les classiques (camembert, chèvre bûche, roquefort...) ; vous serez sûr de n'y trouverque du lait, des ferments et du sel.

03

# Soupes

100% VEGAN

# Soupe
# de lentilles
# au curry

1 grande + 1 petite boîtes de lentilles au naturel D'aucy (soit 800 g égoutté) ou bien 3 bocaux de lentilles Jardin Bio ou Carrefour Bio (3 x 265 g égoutté)

+

1 brique de 20 cl de lait de coco bio Kara

+

- 1 c. à s. de curry
- Sel, poivre
- Quelques brins de coriandre fraîche ou surgelée

POUR 4 • PRÉPA. 10 MIN • CUISSON 5 MIN

Verser le contenu des boîtes (lentilles + jus) dans une casserole.

Ajouter le lait de coco et le curry.

Porter à ébullition.

Sortir du feu et mixer.

Saler, poivrer à convenance.

Parsemer de coriandre.

600 g de carottes bio fraîches ou surgelées

+

½ brique de crème légère Condé sur Vire d'Elle & Vire

+

- 1 oignon
- 10 à 15 g de beurre
- 1 c. à c. de cumin
- 1 pincée de piment d'Espelette

# Velouté de carottes au cumin

POUR 4 • PRÉPA. 10 MIN • CUISSON 20 MIN

Émincer l'oignon.

Dans une cocotte-minute, faire dorer l'oignon dans un peu de beurre.

Ajouter les carottes coupées en morceaux (fraîches ou décongelées) et faire revenir 5 minutes.

Couvrir d'eau. Ajouter le cumin et le piment d'Espelette.

Fermer la cocotte et faire cuire 15 minutes.

Mixer. Ajouter la crème.

**Info nutrition !**

Si les carottes ne rendent pas forcément plus aimable, on sait en revanche que leur richesse en caroténoïdes en fait un aliment très intéressant pour la santé. Les caroténoïdes sont capables de neutraliser les radicaux libres, des molécules très agressives impliquées dans certains cancers, les maladies cardio-vasculaires, la cataracte... Elles diminuent aussi les effets agressifs du soleil sur la peau... et ne font pas grossir !

1 kg de brocolis bio frais ou surgelés

+

2 Carrés Frais Elle & Vire de 25 g

+

80 g de noisettes

+

- 1 oignon
- Huile d'olive vierge extra bio
- 1 bouillon liquide « Légumes du marché » Maggi

# Velouté de brocolis aux noisettes

POUR 4 • PRÉPA. 10 MIN • CUISSON 30 MIN

Faire revenir l'oignon avec un peu d'huile d'olive dans un faitout pendant environ 5 minutes.

Ajouter les brocolis, le bouillon et couvrir d'eau (les fleurs de brocolis doivent affleurer à la surface).

Couvrir et laisser cuire 25 minutes environ.

Hors du feu, ajouter les 2 Carrés Frais et mixer.

Rectifier l'assaisonnement.

Concasser les noisettes (ou amandes) : sur une planche à découper, déposer les noisettes (ou amandes), les couvrir d'un torchon et les broyer avec un marteau ou un rouleau à pâtisserie.

Servir le velouté dans des bols avec par-dessus, quelques noisettes concassées pour le croquant.

1 kg de potiron
(1 grosse tranche)

+

50 ml de crème
de coco bio Kara

+

1 c. à s. d'huile d'olive
vierge extra bio

+

- 1 oignon
- 3 cm de gingembre

100% VEGAN

# Velouté de potiron coco gingembre

POUR 4 • PRÉPA. 10 MIN • CUISSON 30 MIN

Peler le potiron. Ôter les graines et la chair fibreuse. Couper le potiron en gros dés.

Émincer l'oignon. Peler et râper le gingembre finement.

Faire chauffer l'huile dans une cocotte. Faire revenir l'oignon et le gingembre en remuant jusqu'à ce que l'oignon soit fondant.

Ajouter les dés de potiron et couvrir d'eau (les morceaux doivent affleurer à la surface de l'eau). Couvrir et laisser mijoter à feu doux pendant 30 minutes.

Passer la soupe au mixeur, puis ajouter la crème de coco.

Mixer à nouveau pour homogénéiser et servir.

### Crème végétale, faites le bon choix !

Malgré leur bonne image, les alternatives végétales à la crème (soja cuisine, amande cuisine et autres substituts végétaux ) contiennent de très mauvaises substances que l'on préférerait ne pas trouver dans son assiette. Seuls produits acceptables : les crèmes coco (Kara) qui ne contiennent « que » des épaississants. Plus d'infos en page 22.

20 crevettes cuites, décortiquées, décongelées

+

1 yaourt à la grecque

+

1 gros concombre

+

- Quelques brins de menthe ou de ciboulette
- ½ gousse d'ail
- 1 c. à s. d'huile d'olive vierge extra bio
- 1 pincée de sucre
- 1 c. à s. de jus de citron
- Sel poivre

# Soupe fraîche concombre crevettes

POUR 4 • PRÉPA. 10 MIN • CUISSON 30 MIN

Peler le concombre, retirer les graines centrales si elles sont grosses, le râper sur une grosse grille.

Dans un saladier, mélanger le concombre râpé avec un yaourt à la grecque, la menthe ciselée, la demi-gousse d'ail écrasée, l'huile, la pincée de sucre, le jus de citron, le sel et le poivre.

Mixer quelques secondes. Mettre au frais une demi-heure (facultatif).

Servir dans des ramequins, accompagnée des crevettes en brochettes.

## Crevettes surgelées, faites le bon choix !

Même quand elles sont nature, les crevettes surgelées peuvent contenir des additifs : du sel (jusqu'à 2 g/100 g), des antioxydants la plupart du temps (sulites, acide citrique), parfois des colorants ou des géliiants au phosphate (E450). Les crevettes Costa contiennent 1 g de sel et c'est tout. C'est bien.

04

# Snacking

1 pot de tomates séchées à l'huile d'olive Tradizioni d'Italia (Leclerc)

+

3 œufs bio Bleu-Blanc-Cœur

+

- 2 courgettes
- 150 g de farine
- ½ bûche de chèvre
- 1 c. à c. de bicarbonate alimentaire
- 15 cl de lait
- 1 petit bouquet de basilic frais
- 1 pincée de poivre

# Cake tomate chèvre courgette

POUR 4 • PRÉPA. 20 MIN • CUISSON 40 MIN

Laver les courgettes, les éplucher si elles ne sont pas bio et les râper. Les faire revenir à la poêle avec un peu d'huile, jusqu'à ce qu'elles ne dégagent plus de vapeur.

Dans un saladier, battre les œufs en omelette. Ajouter la farine, le bicarbonate, le lait et 4 cuillères à soupe d'huile (on peut utiliser l'huile du bocal de tomates confites).

Mélanger de manière à obtenir une pâte homogène.

Incorporer les tomates séchées coupées en petits morceaux, les courgettes, le basilic ciselé et le fromage de chèvre coupé en petits morceaux.

Beurrer un moule à cake et y verser la préparation.
Cuire 40 minutes à 180 °C, et vérifier la cuisson en plantant la pointe du couteau au centre.

## Le plus !

Les tomates séchées à l'huile d'olive Tradizioni d'Italia sont cuisinées avec de l'huile d'olive et non de tournesol comme habituellement. De plus, il n'y a aucun conservateur, et seulement deux acidifiants. Une belle performance !

# Cake
# chorizo olive

POUR 4 • PRÉPA. 20 MIN • CUISSON 40 MIN

1 chorizo doux Casa Ramon (Intermarché, sans nitrites, sans colorants)

+

1 pot d'olives vertes dénoyautées bio Tramier

+

120 g d'emmental au lait cru bio

+

- 150 g de farine
- 1 c. à c. de bicarbonate alimentaire
- 3 œufs bio Bleu-Blanc-Cœur
- 10 cl de lait
- 4 c. à s. d'huile d'olive
- Poivre

Dans un saladier, battre les œufs en omelette. Ajouter la farine, le bicarbonate, le lait et l'huile d'olive.

Mélanger de manière à obtenir une pâte homogène.

Incorporer les dés de chorizo, les olives préalablement égouttées et l'emmental râpé. Saler, poivrer.

Beurrer un moule à cake et y verser la préparation.

Cuire environ 40 minutes au four, à 180 °C.

**Info nutrition !**

Dans ce cake, le chorizo, l'emmental et les olives contiennent déjà du sel, par conséquent, inutile d'en rajouter dans la pâte. Un peu de poivre pour relever si vous le souhaitez mais pas plus.

# Sandwich saumon tartare

2 tranches de Vollkornbrot bio (Monoprix Bio ou Casino)

+

1 fromage Tartare individuel

+

2 tranches de truite fumée bio

+

- 2 feuilles de salade
- Crudités au choix : persil, tranches de concombre, de pomme granny, de tomate...

POUR 1 • PRÉPA. 10 MIN

Tailler les feuilles de salade en lamelles. Découper l'avocat et couper sa chair en fines tranches.

Faire de même pour la pomme et/ou la tomate.

Griller deux tranches de pain et les napper de Tartare.

Recouvrir de salade, puis d'une tranche de saumon, puis de quelques feuilles de persil, tranches d'avocat, de pomme granny ou de tomate...

Reproduire le montage et terminer par la seconde tranche de pain.

Découper le sandwich en deux et mixer chaque moitié avec une pique en bois ou un cure-dent.

## Info nutrition !

Les pains complets de seigle sont des alliés si vous cherchez à perdre du poids. En effet, ils ont une teneur exceptionnelle en fibres rassasiantes : 9 g/100 g pour le Monoprix Bio et 12 g/100 g pour le Céréal Bio. La présence de graines de courge diminue l'index glycémique, ce qui aide aussi à garder la ligne.

4 tranches
de pain complet
3 céréales Bjorg

+

1 pot de sauce pesto
Italians do it better
Monoprix

+

- 6 tomates cerises rouges
- 6 tomates cerises jaunes
- 4 feuilles de salade
- Au choix : carotte, concombre, poivron rouge, chou rouge...
- 2 c. à c. d'huile d'olive vierge extra bio

# Sandwich pesto crudités

POUR 2 • PRÉPA. 10 MIN

Couper les tomates en deux et émincer les crudités (ou les couper en fins bâtonnets).

Étaler le pesto sur deux des quatre tranches de pain.

Sur celles-ci, déposer une feuille de salade, quelques bâtonnets de crudités, des demi-tomates rouges et jaunes, puis recouvrir d'une seconde feuille de salade.

Huiler les tranches de pain restantes et refermer les sandwichs.

Couper les sandwichs en deux pour plus de commodité.

## Le plus !

Le pesto Italians do it better est un pesto traditionnel, à base d'huile d'olive. Il ne contient aucun épaississant, tout comme le pesto bio Giraudet. Aucun agent cosmétique et économique (A.C.E) à l'horizon, contrairement aux concurrents qui contiennent de l'huile de tournesol, des flocons de pomme de terre, du lactosérum en poudre...

# Pizza aux légumes grillés

100% VEGAN

1 pâte à pizza fine et ronde Croustipate

+

1 pot de sauce tomate olive Mutti ou Tradizioni d'Italia (Leclerc)

+

300 g de légumes grillés Picard

+

12 olives noires (facultatif)

POUR 4 • PRÉPA. 10 MIN • CUISSON 20 MIN

Décongeler une dizaine de légumes grillés Picard, selon les indications.

Étaler la pâte à pizza sur une plaque allant au four, préalablement recouverte de papier cuisson.

Recouvrir la pâte de sauce tomate puis garnir à l'aide des légumes grillés. Ajouter éventuellement les olives.

Enfourner 20 minutes à 180 °C.

**Astuce !**

Pas le temps d'éplucher les légumes et de les faire griller ? Envie d'aubergines en hiver ? Vous trouverez maintenant quasiment dans toutes les enseignes des mélanges de légumes grillés avec uniquement de l'huile d'olive. Des produits pratiques et bons !

1 pâte à pizza fine et ronde Croustipate

+

½ bocal de sauce pizza Jean Martin

+

8 c. à c. de sauce pesto Italians do it better Monoprix

+

- 1 barquette de tomates cerises
- 1 sachet de roquette
- 1 mozzarella, bio si possible

# Pizza
# tomates cerises et roquette

POUR 4 • PRÉPA. 10 MIN • CUISSON 15 MIN

Étaler la pâte à pizza sur une plaque allant au four, préalablement recouverte de papier cuisson et la recouvrir de sauce tomate.

Déposer les 8 cuillères à café de pesto de manière symétrique, pour les 8 parts. Répartir ensuite la mozzarella découpée en fines tranches.

Laver les tomates, les découper en deux ou en quatre et les disperser sur la préparation.

Enfourner 15 minutes à 180 °C. Une fois cuite, parsemer la pizza de roquette.

## Le bon plan !

La pizza surgelée aux trois fromages, C'est qui le patron ?! ne contient aucun additif et uniquement des ingrédients de bonne qualité : fromage Label Rouge, sauce et pâte à l'huile d'olive, tomates de Provence...

# Quiche saumon épinards

POUR 4 • PRÉPA. 15 MIN • CUISSON 30 MIN

1 pâte feuilletée pur beurre Marie

+

4 ou 5 palets de 50 g d'épinards surgelés feuilles préservées Bonduelle

+

15 cl de crème fraîche fluide U

+

- 1 pavé de saumon de 100 g
- 3 œufs bio Bleu-Blanc-Cœur
- Quelques copeaux de parmesan (facultatif)
- Sel, poivre

Décongeler les épinards 3 minutes au micro-ondes.

Pendant ce temps, dérouler la pâte dans un moule à tarte (garder le papier cuisson dessous).

Dans un bol, battre les œufs avec la crème. Saler, poivrer.

Bien égoutter les épinards en les pressant dans la main puis les étaler sur la pâte. Découper le saumon en dés et les répartir sur les épinards.

Verser le mélange œuf-crème et déposer les copeaux de parmesan à la surface.

Cuire une demi-heure dans un four chaud, à 210 °C.

1 pâte feuilletée pur beurre Marie

+

600 g d'oignons émincés surgelés

+

1 c. à s. d'huile d'olive vierge extra bio

+

- 2 c. à c. de curcuma
- 10 g de beurre
- Sel, poivre

# Tarte tatin aux oignons et curcuma

POUR 4 • PRÉPA. 15 MIN • CUISSON 45 MIN

Dans une poêle huilée, faire revenir les oignons 15-20 minutes, jusqu'à ce qu'ils soient légèrement colorés.

Ajouter le curcuma, le sel et le poivre. Bien mélanger.

Beurrer un plat à tarte, déposer les oignons et les recouvrir de la pâte feuilletée en rabattant bien les bords vers l'intérieur.

Faire cuire 30 minutes au four à 180 °C.

## Astuce !

Si vous n'avez pas le temps de faire revenir les oignons, vous pouvez utiliser un produit tout prêt comme le mélange d'oignons aux épices Jean Martin : 87% d'oignons raisins secs, huile d'olive, miel, cidre, huile de tournesol et des épices (cannelle, gingembre, poivre, muscade, piment.) Que des bons ingrédients, à étaler sur la pâte et à enfourner !

# GALETTES DE BLÉ NOIR

Les galettes de blé noir constituent une base idéale pour réaliser un repas original, convivial... et sain ! Seule condition : choisir les bons ingrédients pour la garniture. Voici trois recettes qui enchanteront petits et grands.

### Le bon choix !

Les galettes de blé noir Bio village qui ont une excellente teneur en blé noir (54 % contre seulement 35 à 45 % chez les concurrents).

## Galettes jambon-œuf-fromage

4 tranche de jambon cuit à l'étouffé bio Herta

100 g d'emmental râpé bio

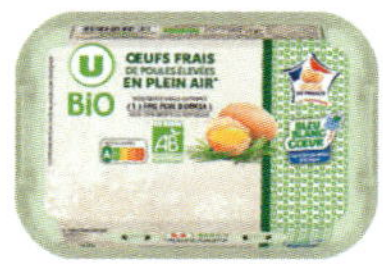


4 œufs bio Bleu-Blanc-Cœur

Faire chauffer la poêle à feu moyen, beurrer et y déposer une galette. Garnir de jambon et d'emmental râpé.

Une fois le gruyère fondu, casser un œuf dessus et replier les bords de la crêpe.

Laisser cuire environ 2 minutes puis retourner la crêpe et prolonger la cuisson encore 2 minutes. Servir.

# Galettes fondue de poireaux et fruits de mer

1 sachet Mes astuces légumes poireaux oignons champignons surgelés Bonduelle

1 c. à s. de crème fraîche entière bio Président

100 g de cocktail de fruits de mer surgelés

Faire revenir pendant 10 minutes les légumes congelés dans une noisette de beurre.

Ajouter la crème fraîche et poursuivre la cuisson 2 minutes. Couvrir et réserver.

Faire sauter les fruits de mer 10 minutes dans une poêle avec une noix de beurre, à feu vif. Réserver.

Faire chauffer la poêle à feu moyen, la beurrer et y déposer une galette.

Sur un demi-cercle, étaler deux cuillères de fondue de légumes, puis parsemer de fruits de mer et éventuellement de parmesan. Refermer.

# Galettes courgette-tomate-mozzarella

Un sachet Mes astuces légumes courgettes tomates cerises oignons Bonduelle

1 mozzarella

Dans une poêle, décongeler le mélange de légumes Bonduelle. Réserver.

Couper la mozzarella en tranches fines.

Beurrer une poêle afin d'y déposer une galette. Ajouter le mélange de légumes et des rondelles de mozzarella. Replier les 4 bords de la crêpe.

Cuire 5 minutes et servir.

05

# Plats chauds

200 g de tofu nature Bjorg

+

1 sachet de pousses d'épinards

+

- 4 ou 5 champignons de Paris
- Huile d'olive vierge extra bio
- Curcuma

100% VEGAN

# Brouillade **tofu, épinards, et champignons**

POUR 3 • PRÉPA. 5 MIN • CUISSON 10 MIN

Émincer les champignons de Paris et les faire revenir à la poêle avec de l'huile d'olive.

Une fois la cuisson des champignons bien avancée, ajouter les pousses d'épinards.

Les faire réduire puis émietter le tofu par-dessus.

Ajuster l'assaisonnement (huile, sel, poivre) et saupoudrer de curcuma.

4 aubergines

2 pots de sauce tomate provençale Jardin bio (2 x 200 g)

Parmesan

Huile d'olive vierge extra bio

# Aubergines à la parmigiana

POUR 4 • PRÉPA. 10 MIN • CUISSON 40 MIN

Rincer les aubergines, retirer le pédoncule et couper des tranches fines dans la longueur.

Recouvrir le fond d'un plat à gratin de sauce tomate et disposer des tranches d'aubergines les unes à côté des autres. Les arroser d'un filet d'huile d'olive.

Couvrir de sauce tomate et disposer à nouveau des tranches d'aubergines perpendiculairement aux premières. Arroser d'un filet d'huile d'olive.

Poursuivre ainsi jusqu'à épuisement des ingrédients en terminant par de la sauce tomate.

Saupoudrer de parmesan ou d'un autre fromage au choix.

Placer au four à 180 °C pendant 40 minutes.

300 g d'épinards surgelés
feuilles préservées
Bonduelle

+

4 gros œufs ou 5 moyens
bio Bleu-Blanc-Cœur
ou U (voir p. 52)

+

1 brique de crème
entière liquide
Monoprix bio

+

- Sel, poivre

# Quiche sans pâte **aux épinards**

POUR 4 • PRÉPA. 15 MIN • CUISSON 25 MIN

Décongeler les épinards au four à micro-ondes.

Les faire revenir dans un peu d'huile d'olive à la poêle. Saler, poivrer.

Pendant ce temps, dans un saladier battre les œufs et la crème.

Ajouter les d'épinards et bien mélanger.

Déposer le tout dans un plat à tarte recouvert de papier cuisson.

Cuire 25 minutes au four, à 180 °C.

**Variante !**

Si vous souhaitez varier le goût, vous pouvez ajouter des morceaux de fromage de chèvre sur la préparation, avant de la mettre au four. Cette recette peut être réalisée avec des blettes, des oignons ou des poireaux revenus dans un peu d'huile, des cubes de jambon ou de chorizo... bref , tout ce qui garnit habituellement les quiches.

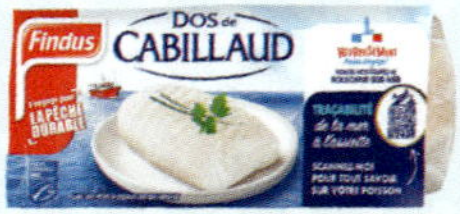


4 dos de cabillaud surgelés

+

40 g de beurre tendre

+

4 c. à c. d'amandes en poudre

+

- Persil et coriandre frais
- Sel, poivre

# Cabillaud en croûte d'herbes

POUR 4 • PRÉPA. 10 MIN • CUISSON 40 MIN

Préchauffer le four à 180 °C.

Laver les herbes aromatiques et les ciseler.

Les mélanger dans un bol avec le beurre et la poudre d'amande. Assaisonner.

Dans un plat allant au four, déposer les dos de cabillaud surgelés et les recouvrir de la préparation.

Enfourner 40 minutes.

**Le bon plan !**

Si vous êtes très pressé, le colin d'Alaska à la bordelaise Findus représente une alternative tout à fait acceptable.

1 sachet Quinoa tomates olives Bjorg

+

4 courgettes rondes

+

Huile d'olive vierge extra bio

100% VEGAN

# Courgettes farcies aux deux quinoas

POUR 4 • PRÉPA. 5 MIN • CUISSON 40 MIN

Laver les courgettes, les ouvrir en coupant les chapeaux et les évider, en veillant à ne pas trop creuser le fond.

Les déposer dans un plat à four huilé. Verser un filet d'huile d'olive dans chacune et mettre au four 30 minutes à 180 °C.

Passé ce délai, farcir les courgettes du mélange quinoa tomates olives, remettre le chapeau et cuire le tout 10 minutes de plus au four.

**Info nutrition !**

Cultivé depuis des milliers d'années sur les hauts plateaux andins, le quinoa a séduit progressivement le monde entier depuis le début des années 2000. Cette pseudo-céréale est riche en protéines et en micro-nutriments (fer, cuivre, zinc, magnésium notamment) et elle a l'avantage de ne pas contenir de gluten. Par ailleurs son index glycémique de 53 la place parmi les aliments qui inluencent peu la glycémie, permettant ainsi de contrôler son poids et son risque de diabète.

2 filets de poulet fermier élevé en plein air

+

2 tranches de jambon à l'étouffée bio sans nitrite Herta

+

2 tranches d'emmental

+

- 1 œuf
- Farine
- Chapelure
- Sel, poivre
- Huile d'olive vierge extra bio

# Cordon bleu **maison**

POUR 2 • PRÉPA. 15 MIN • CUISSON 10 MIN

Couper les escalopes en deux dans le sens de l'épaisseur et bien les aplatir.

Mettre le jambon sur une des faces de l'escalope puis une tranche d'emmental et refermer l'escalope.

Prendre 3 assiettes creuses : la première pour la farine, la deuxième pour l'œuf battu et la troisième pour la chapelure.

Prendre les cordons bleus, les passer légèrement dans la farine (lisser et tapoter pour enlever l'excédent), puis dans l'œuf puis dans la chapelure.

Ensuite faire cuire les cordons bleus dans un peu d'huile à la poêle à feu modéré durant 5 minutes de chaque côté.

## Info conso !

Qu'ils soient frais ou surgelés, TOUS les cordons bleus vendus au supermarché sont des produits ultra-transformés. Les matières premières sont de mauvaise qualité et on leur ajoute une ribambelle d'agents cosmétiques. Le cordon bleu, c'est toujours fait maison.

6 poireaux frais ou 800 g de poireaux surgelés en rondelles

12 noix de Saint-Jacques

1 c. à s. de crème fraîche épaisse

- 1 c. à s. d'huile d'olive vierge extra bio
- Sel, poivre
- 2 c. à c. de paprika

# Fondue de poireaux aux Saint-Jacques

POUR 4 • PRÉPA. 5 MIN • CUISSON 25 MIN

Laver les poireaux, ôter la partie la plus verte et couper les blancs en rondelles.

Dans une poêle, faire revenir les poireaux avec l'huile d'olive 5-10 minutes. Ajouter le paprika, le sel, le poivre et la crème fraîche.

Décongeler les noix de Saint-Jacques au micro-ondes.

Dans une poêle bien chaude, mettre une noix de beurre et saisir les Saint-Jacques 2 minutes de chaque côté.

Les déposer sur les poireaux et poursuivre la cuisson un quart d'heure.

Accompagner d'une timbale de riz noir.

**Variante !**

Les fondues de poireaux à la crème se marient parfaitement aux fruits de mer. Elles accompagneront à merveille les cocktails de moules, supions, anneaux de calamars, les filets de rougets (à faire cuire en les plaçant encore congelés sur les poireaux en train de fondre) et tous les filets de poissons que l'on trouve au rayon surgelés.

300 g de julienne de légumes surgelée Bio village

+

1 sachet Quinoa graines gourmandes Jardin bio

+

3 œufs bio Bleu-Blanc-Cœur

+

- Sel, poivre
- 2 c. à c. de muscade moulue
- 2 c. à c. de curry

# Röstis de légumes

POUR 4 • PRÉPA. 10 MIN • CUISSON 30 MIN

Dans une poêle, verser la julienne de légumes non décongelée dans un peu d'huile et laisser cuire à feu moyen.

Battre les œufs en omelette. Incorporer le quinoa et la julienne. Ajouter la muscade et le curry. Saler et poivrer.

À l'aide de moule à muff ins ou à tartelettes, former des petites galettes, les disposer sur du papier cuisson et les cuire au four durant 30 minutes à 160 °C.

1 sachet de 450 g de purée de carottes surgelée L'Essentiel Saint Eloi

+

350 g de viande hachée bio

+

1 barquette de 400 g d'écrasé de pomme de terre Créaline

+

- 1 c. à c. d'échalote
- 1 c. à c. d'ail bio surgelé
- 2 c. à s. d'huile d'olive
- Poivre moulu
- Persil frais
- 1 cm de gingembre frais
- 50 g d'emmental râpé

# Hachis parmentier aux carottes

POUR 4 • PRÉPA. 15 MIN • CUISSON 25 MIN

Faire décongeler la purée de carottes dans une casserole.

Peler le gingembre et le râper.

Dans une poêle, faire revenir 5 minutes, à feu doux, la viande hachée, l'ail, l'échalote et le gingembre, dans l'huile d'olive. Ajouter le persil frais ciselé et le poivre.

Déposer l'écrasé de pomme de terre au fond d'un plat à gratin. Puis ajouter la viande hachée au-dessus. Recouvrir de purée de carottes et enfin de fromage râpé.

Faire gratiner au four 20 minutes à 180 °C.

### Le bon plan !

Les purées surgelées Saint Eloi (Intermarché) ont toutes une recette très simple et sans additifs. Juste des légumes (brocolis, céleri rave, légumes verts ou carottes), de la crème fraîche et du sel.

1 sachet de 600 g de trio de poivrons Bio village

+

500 g de pulpe de tomate bio

+

4 œufs bio Bleu-Blanc-Cœur

+

- 1 c. à c. de piment d'Espelette en poudre (facultatif)
- 2 oignons
- Sel, poivre

# Piperade aux œufs

POUR 4 • PRÉPA. 5 MIN • CUISSON 30 MIN

Émincer les oignons et les faire dorer dans un peu d'huile d'olive. Ajouter les poivrons encore surgelés et les faire sauter 5-10 minutes.

Ajouter la pulpe de tomate. Saler, poivrer et ajouter éventuellement le piment d'Espelette.

Baisser le feu et prolonger la cuisson une vingtaine de minutes.

Casser 4 œufs dans la préparation et laisser cuire 3 minutes. Servir immédiatement.

**Le bon plan !**

La piperade aux poivrons rouges et jaunes Jean Martin. Pas d'huile de tournesol comme souvent dans ce type de produit, mais de l'huile d'olive vierge.. Aucun épaississant. Ajoutez un œuf, et vous avez un repas complet et sain prêt en 5 minutes top chrono.

450 g de potimarron

+

70 g de noisettes en poudre

+

20 g de parmesan

+

- 100 g de farine
- 50 g de beurre
- 1 c. à c. de gingembre frais haché ou en poudre

# Crumble de potimarron au gingembre

POUR 4 • PRÉPA. 15 MIN • CUISSON 40 MIN

Peler (pas obligatoire s'il est bio), égrainer puis découper le potimarron en dés d'environ 1,5 cm. Faire cuire à la vapeur durant environ 15 minutes.

Pendant ce temps, réaliser la pâte à crumble en mélangeant la farine, les noisettes en poudre, le parmesan et le beurre.

Déposer les cubes de potimarron dans un plat à gratin. Saler, poivrer, ajouter un filet d'huile d'olive et le gingembre haché.

Parsemer de pâte à crumble.

Enfourner pour 20 minutes à 210 °C.

400 g de haricots blancs cuits bio (2 bocaux Casino Bio)

+

200 g de rondelles de carottes surgelées

+

1 pot de sauce tomate à l'arrabbiata Ursini

+

- 2 c. à c. de curry
- 1 c. à c. de paprika
- 1 c. à c. de gingembre en poudre
- 2 c. à s. d'huile de colza
- 2 c. à c. d'ail émincé
- 3 c. à s. d' échalotes émincées

100% VEGAN

# Haricots blancs **aux épices**

POUR 4 • PRÉPA. 5 MIN • CUISSON 20 MIN

Faire revenir l'ail et les échalotes dans un peu d'huile, à feu moyen dans une cocotte. Lorsqu'ils sont légèrement colorés, ajouter le curry, le paprika et le gingembre et remuer durant 1 minute.

Ajouter les carottes surgelées et faire sauter durant 5 minutes. Puis ajouter la sauce à l'arrabbiata.

Laisser mijoter 10 minutes à feu doux, en remuant régulièrement.

Ajouter enfin les haricots blancs rincés et égouttés.

Faire cuire 5 minutes et servir.

**Le plus !**

La sauce tomate arrabbiata Ursini : de la pulpe de tomates (96 %), de l'huile d'olive, du basilic, du persil et du piment. Une recette simple avec des produits issus de l'agriculture biologique.

Légumes à la basquaise surgelés Picard

+

4 cuisses de poulet fermier bio

+

Huile d'olive vierge extra bio

+

Sel, poivre

# Poulet basquaise express

POUR 4 • PRÉPA. 10 MIN • CUISSON 35 MIN

Saler les cuisses de poulet et les faire dorer dans une cocotte en fonte avec un peu d'huile d'olive. Réserver.

Verser les légumes encore surgelés dans la cocotte et faire chauffer jusqu'à ce qu'ils soient décongelés.

Ajouter les cuisses de poulet, saler, poivrer et laisser mijoter à feu doux pendant une trentaine de minutes.

Rectifier l'assaisonnement si besoin.

**Info nutrition !**

Le + des légumes à la basquaise de Picard : des tomates (cubes et pulpe), des poivrons, des oignons et des olives, le tout cuisiné avec de l'huile d'olive. Simple et bon.

4 blancs de poulet fermier bio

1 barquette de tomates cerises

2 poivrons (1 vert, 1 jaune)

- 1 oignon
- 1 citron non traité
- 2 c. à s. d'huile d'olive
- 1 c. à s. d'herbes de Provence
- 1 c. à c. de paprika
- Sel, poivre

# Brochettes de poulet aux légumes

POUR 4 • PRÉPA. 30 MIN • REPOS 30 MIN

Dans un bol, préparer la marinade en mélangeant le jus du citron, l'huile d'olive, le paprika, les herbes de Provence, le sel, le poivre et des zestes de citron.

Découper les blancs de poulet en dés de 2 cm et les placer dans la marinade ½ heure.

Laver les poivrons, les épépiner et les découper en carrés de 2 cm environ. Couper l'oignon en gros carrés également.

Réaliser les brochettes en alternant morceaux de poulet, tomates, morceaux de poivron et morceaux d'oignon.

Cuire 15-20 minutes au barbecue, au grill à 200 °C ou à la plancha.

# Épinard
# à la madrilène

1 sachet d'épinards surgelés feuilles préservées Bonduelle

+

1 bocal de pois chiches

+

1 boîte de pulpe de tomate Mutti (400 g)

+

1 chorizo Casa Ramon

POUR 4 • PRÉPA. 7 MIN • REPOS 10 MIN

Placer les palets d'épinards encore surgelés dans un plat adapté au four à micro-ondes.

Réchauffer 5 min à puissance maximale. Mélanger les épinards et recommencer l'opération jusqu'à ce qu'ils soient totalement décongelés.

Couper le chorizo en rondelles. Le faire suer doucement dans une poêle, sans ajouter de matière grasse.

Ajouter la pulpe de tomate et un filet d'huile d'olive.

Ajouter les épinards et parsemer de pois chiches.

Mélanger et ajuster l'assaisonnement (sel, huile d'olive).

2 paquets de ravioles du Dauphiné Saint Jean

+

4 poireaux (ou 600 g de poireaux émincés surgelés)

+

10 cl de crème liquide légère Condé sur Vire d'Elle & Vire

+

- Poivre
- ½ c. à c. de muscade moulue

# Gratin de ravioles et poireaux

POUR 4 • PRÉPA. 15 MIN • CUISSON 19 MIN

Préchauffer le four à 180 °C. Faire bouillir de l'eau dans une casserole avec du sel.

Pendant ce temps, retirer le vert des poireaux, les laver et les couper en rondelles. Les jeter dans l'eau bouillante pendant 3 à 4 minutes. Égoutter, poivrer et mélanger avec la muscade et la crème.

Au fond d'un plat à gratin, déposer un peu de poireaux puis couvrir d'une plaque de ravioles. Recommencer l'opération pour toutes les plaques et terminer par une couche de poireaux et un peu de crème (et un peu de fromage râpé).

Cuire 15 minutes au four.

## Raviolis frais, faites le bon choix !

Dans la catégorie raviolis frais, seules les ravioles sont de bonne qualité : œuf, fromage, beurre, persil... Les raviolis et autres tortellinis frais, qu'ils soient de marque (Lustucru, Rana...) ou de distributeurs, sont très souvent ultra-transformés. Ils contiennent des ingrédients de mauvaise qualité : flocons de pomme de terre, amidon, œufs en poudre, lactosérum...

1 bocal de mini-cœurs d'artichauts (10 à 14 cœurs)

+

4 carottes fraîches ou l'équivalent en rondelles surgelées

+

- 1 gousse d'ail frais ou ail surgelé
- 1 c. à c. de cumin
- Persil frais
- 2 c. à s. d'huile d'olive vierge extra bio
- Sel, poivre

100% VEGAN

# Artichauts à la barigoule

POUR 2 • PRÉPA. 7 MIN • CUISSON 20 MIN

Dans une poêle, faire revenir des rondelles de carottes avec de l'huile d'olive et de l'ail émincé jusqu'à ce qu'elles soient presque cuites.

Assaisonner à l'aide du cumin et de quelques branches de persil ciselé.

Égoutter fermement les coeurs d'artichauts, les couper en deux et les faire revenir avec les carottes durant 5 minutes environ.

2 boîtes de fonds d'artichauts (420 g égoutté)

+

50 g de beurre tendre à température ambiante

+

- 2 gousses d'ail
- ½ oignon doux
- 1 petite botte de persil frais
- Sel, poivre

# Artichauts **au beurre persillé**

POUR 4 • PRÉPA. 5 MIN • CUISSON 5-10 MIN

Préchauffer le four à 180 °C.

Égoutter les fonds d'artichauts.

Préparer la persillade : hacher finement le persil, l'ail et l'oignon doux. Ajouter le beurre, saler, poivrer et malaxer le tout.

Dans un plat allant au four, farcir les fonds d'artichauts avec le mélange et les mettre au four pendant 5 à 10 min à 180 °C.

Consommer chaud ou froid.

1 boîte de queues de gambas bio décortiquées cuites Escal

➕

600 g de petits pois surgelés bio + 200 g de carottes surgelées bio

➕

10 cl de lait de coco bio Kara

➕

- 1 gousse d'ail
- 1 c. à c. de gingembre moulu
- 2 c. à c. de curry
- 2 c. à s. d'huile d'olive
- Sel, poivre

# Curry au petits pois **et gambas**

POUR 4 • PRÉPA. 5 MIN • CUISSON 20 MIN

Laisser les queues de gambas décongeler pendant 1 à 2 heures à température ambiante.

Verser les petits pois et les carottes dans de l'eau bouillante salée et laisser cuire environ 6 à 8 minutes après la reprise de l'ébullition. Égoutter et réserver.

Pendant ce temps, dans une sauteuse, mettre l'huile à chauffer à feu vif. Ajouter les gambas, saler, poivrer, ajouter l'ail, le curry et le gingembre. Faire revenir le tout pendant une minute. Déglacer avec le lait de coco.

Ajouter les petits pois et les carottes et poursuivre la cuisson, à feu doux, durant 5 minutes.

4 dos de colin surgelés

+

400 g de poêlée 6 légumes (Carrefour Bio ou Auchan Bio)

+

- 4 rondelles de citron bio
- 1 c. à c. de curcuma
- 1 c. à c. de mélange quatre-épices
- 4 c. à s. d'huile d'olive vierge extra bio
- Sel, poivre
- 4 feuilles de papier cuisson

# Papillotes de colin aux légumes

POUR 4 • PRÉPA. 2 MIN • CUISSON 40 MIN

Au centre de chaque feuille de papier cuisson, déposer un filet de poisson.

Les assaisonner à l'aide des épices, d'huile d'olive, de sel et poivre. Ajouter une rondelle de citron.

Répartir les légumes sur les 4 poissons.

Fermer les papillotes et les cuire 40 minutes au four à 180 °C.

4 dos de cabillaud surgelés

100 g de flocons d'avoine

1 œuf bio Bleu-Blanc-Cœur

- 6 c. à s. d'huile d'olive
- 2 c. à c. de curcuma
- 1 c. à c. de piment d'Espelette

# Cabillaud pané **à l'avoine**

POUR 4 • PRÉPA. 5 MIN • CUISSON 15 MIN

Décongeler les dos de poisson.

Dans un premier saladier, battre l'œuf et dans un second, mélanger les flocons d'avoine avec les épices.

Tremper les filets de poisson dans l'œuf battu puis dans les flocons d'avoine en les retournant afin qu'ils soient bien enrobés.

Cuire les filets de poisson dans une poêle huilée et chaude 7 minutes de chaque côté.

# Chili sin carne express

100% VEGAN

200 g de tofu fumé Bjorg

+

400 g de haricots rouges Jardin bio ou Lunor

+

1 boîte de pulpe de tomate bio (400 g)

+

- 2 oignons
- 1 poivron rouge
- 3 c. à s. d'huile d'olive
- 1 gousse d'ail
- Cumin
- Piment de Cayenne moulu
- Sel, poivre

POUR 4 • PRÉPA. 10 MIN • CUISSON 25 MIN

Rincer abondamment les haricots.

Couper le tofu en dés. Émincer le poivron et les oignons.

Faire revenir les oignons dans une sauteuse avec de l'huile d'olive. Ajouter les dés de tofu et le poivron.

Faire revenir le tout 5 à 10 minutes.

Ajouter la pulpe de tomate, l'ail pressé, le cumin et le piment. Saler, poivrer.

Ajouter les haricots et continuer la cuisson à couvert pendant 20 minutes.

### Variante !

Les légumes et légumes secs Lunor sont une bonne alternative aux conserves car ils sont sous vide et cuits à la vapeur. Très pratiques et sains. Haricots rouges pour un bon chili mais aussi lentilles, fèves, carottes, betteraves…

300 g de saucisse de Toulouse

3 c. à s. de concentré de tomate

1 sachet de fèves surgelées Picard ou MDD

- 3 ou 4 carottes (fraîches ou surgelées)
- 1 c. à s. d'huile d'olive
- 1 oignon
- 2 gousses d'ail
- 3 c. à s. de concentré de tomate
- Mélange quatre-épices
- Sel, poivre

# Fricassé de fèves **à la toulousaine**

POUR 4 • PRÉPA. 10 MIN • CUISSON 15 MIN

Couper la saucisse en tronçons de 3 cm, couper les carottes en rondelles. Émincer l'ail et l'oignon.

Dans une sauteuse, faire revenir à feu moyen durant 5 à 10 minutes, les morceaux de saucisse, les carottes, l'ail et l'oignon dans un peu d'huile.

Ajouter ensuite le concentré de tomate, les fèves et un peu d'eau. Saler, poivrer, saupoudrer du mélange quatre-épices, couvrir et laisser mijoter à feu doux 5 minutes de plus.

2 paquets de tagliatelles fraîches bio

+

400 g de poêlée de légumes surgelés (Carrefour Bio ou Auchan Bio)

+

200 g d'anneaux d'encornets surgelés

+

- 2 c. à s. d'huile d'olive
- Quelques brins de persil frais
- Sel, poivre

# Tagliatelles **aux légumes et encornets**

POUR 4 • PRÉPA. 15 MIN • CUISSON 5 MIN

Faire décongeler les anneaux d'encornet.

Placer le contenu de la poêlée de légumes décongelée dans une poêle avec le sachet d'assaisonnement, le persil ciselé et l'huile d'olive.

Saler, poivrer et laisser cuire 5 minutes à feu doux.

Cuire les pâtes à grande eau, le temps indiqué sur l'emballage et les égoutter.

Dans un saladier, mélanger les pâtes avec les légumes et les encornets. Décorer à l'aide du persil restant.

4 saucisses de Toulouse

+

4 manchons confits
de canard du Sud-Ouest
Delpeyrat

+

1 boîte de haricots lingots
cuisinés à la graisse
de canard
La Belle Chaurienne

# Cassoulet **rapido presto**

POUR 4 • PRÉPA. 5 MIN • CUISSON 20 MIN

Ouvrir la boîte de haricots lingots, prélever une cuillère à soupe de graisse de canard et la déposer dans une sauteuse ou une cocotte chaude afin de dorer les manchons confits de canard. Les retirer et réserver.

Dans la même sauteuse, faire dorer les saucisses durant 5 à 10 minutes. Ajouter les haricots lingots, mélanger délicatement. Baisser le feu et laisser mijoter 10 minutes.

En fin de cuisson, incorporer les manchons et laisser mijoter encore 2 minutes.

Servir.

## Cassoulets en boîte, faites le bon choix !

Les deux critères de base pour choisir un bon cassoulet industriel :
1) pas de nitrites dans la saucisse ;
2) pas d'épaississants dans la sauce.
Les cassoulets Maison Rivière et La Belle Chaurienne remplissent ces critères. En plus, ils ne contiennent que des ingrédients connus. On félicite !

36 moules

100 g de beurre tendre

- 15 brins de persil frais
- 1 échalote
- 1 gousse d'ail

# Moules farcies à la persillade

POUR 3 • PRÉPA. 30 MIN • CUISSON 5 MIN

Acheter les moules chez le poissonnier, les nettoyer, les faire ouvrir dans une marmite, les retirer de leur coquille et conserver une coquille par moule.

Émincer le persil, l'ail et l'échalote.

Préparer la persillade : malaxer le beurre avec l'échalote, l'ail et le persil.

Dans un plat allant au four, disposer une moule par coquille et farcir avec la persillade.

Enfourner à four très chaud, position grill pendant 5 minutes environ (sortir le plat dès que le beurre mousse).

## Le bon plan !

Les moules farcies U Saveurs qui, contrairement à ses concurrents, ne sont pas trop salées et ne comportent pas de chapelure. C'est une bonne chose car voici la composition d'une chapelure industrielle : farine de blé, eau, huile et matière grasse végétale (colza), sucre, gluten de blé, levure, sel, farine de seigle, son, dextrose, malt d'orge, farine de fève.

# La vraie **ratatouille provençale**

POUR 4 • PRÉPA. 15 MIN • CUISSON 40 MIN

- 2 courgettes
- 1 aubergine
- 1 poivron vert
- 1 poivron rouge
- 3 tomates
- 2 oignons
- 2 gousses d'ail
- 1 bouquet garni
- Huile d'olive
- Sel et poivre

Laver et couper en cubes les courgettes, l'aubergine et les poivrons. Émincer les oignons et couper les tomates en quartiers.

Dans une poêle huilée, faire revenir les poivrons puis réserver.

Dans la même poêle faire revenir l'aubergine, réserver, puis les courgettes, réserver, et enfin les oignons et les tomates ensemble.

Réunir tous les légumes dans la poêle, baisser le feu et mélanger.

Ajouter le bouquet garni, saler, poivrer et laisser mijoter 40 minutes, en remuant régulièrement.

Au bout de 30 minutes de cuisson ajouter l'ail écrasé. Déguster.

# LE BON PLAN ratatouille

Pas le temps de trier, d'éplucher, de faire revenir les légumes et de laisser mijoter ? Quatre ratatouilles toutes prêtes peuvent vous dépanner.

- 87 % de légumes
- Matières grasses ajoutées : huile de tournesol, huile d'olive
- Concentré de tomate : oui

**RATATOUILLE À LA PROVENÇALE**
JARDIN BIO

- 88 % de légumes au minimum
- Matières grasses ajoutées : huile de tournesol, huile d'olive
- Concentré de tomate : oui

**RATATOUILLE**
MONOPRIX BIO

- 87 % de légumes au minimum
- Matières grasses ajoutées : huile de tournesol, huile d'olive
- Concentré de tomate : non

**RATATOUILLE PROVENÇALE**
JEAN MARTIN

- 87 % de légumes au minimum
- Matières grasses ajoutées : huile d'olive
- Concentré de tomate : oui

**RATATOUILLE À LA PROVENÇALE**
ITINÉRAIRE DES SAVEURS (Intermarché)

06

# Desserts et goûters

1 pâte feuilletée pur beurre Marie

+

1 pot de compote de pomme avec morceaux sans sucres ajoutés Andros

+

1 sachet de pruneaux dénoyautés

+

- 1 c. à c. de cannelle en poudre (facultatif)
- 1 œuf

# Chaussons aux pommes et pruneaux

POUR 4 • PRÉPA. 10 MIN • CUISSON 25 MIN

Préchauffer le four à 200 °C.

Dérouler la pâte et, à l'aide d'un rouleau à pâtisserie, l'étaler pour gagner quelques centimètres. À l'aide d'un emporte-pièce rond, découper 4 disques.

Mettre 6 pruneaux dans un bol avec un fond d'eau et le placer 1 minute au micro-ondes (puissance 500 W).

Couper ensuite les pruneaux en petits morceaux.

Sur chaque disque, déposer environ 3 cuillères à soupe de purée de pomme, ajouter quelques morceaux de pruneau, saupoudrer de cannelle puis refermer le disque en appuyant bien sur les bords pour éviter que le chausson s'ouvre.

Badigeonner les chaussons de jaune d'œuf, puis enfourner environ 25 minutes à 200 °C.

1 œuf bio
Bleu-Blanc-Cœur

+

150 g de farine
semi-complète bio

+

1 sachet de mélange
de noix nobles non salées
Natur' & Bon de Vico

+

- 80 g de sucre
- 80 g de beurre tendre
- ½ c. à c. de bicarbonate de soude alimentaire
- 1 pincée de sel

# Cookies aux noix et aux raisins secs

POUR 6 • PRÉPA. 15 MIN • CUISSON 10 MIN

Dans un saladier, mélanger le beurre avec le sucre, la farine et l'œuf.

Incorporer le mélange de noix et les fruits secs.

Recouvrir une plaque allant au four de papier cuisson.

Avec les mains, former des noix de pâte, bien espacées les unes des autres afin qu'elles puissent s'étaler lors de la cuisson.

Faites cuire 10 minutes à 180 °C.

**Le plus !**

Natur' & Bon est un mélange de fruits secs non grillés, non salés, riches en bonnes graisses et en magnésium.

8 petits suisses

+

1 barquette de 250 g de fraises, bio de préférence

+

4 c. à s. de Muesli fruits & noix Bio Jordans

+

- Facultatif : 4 c. à c. de miel liquide si les fraises sont trop acides

# Verrines aux fruits rouges

POUR 4 • PRÉPA. 15 MIN

Rincer les fraises en les passant rapidement sous l'eau puis les découper en quatre.

Mettre une fine couche de muesli au fond des verrines, une couche de petit suisse puis une couche de fraises et éventuellement un peu de miel. Recommencer l'opération jusqu'à ce que le verre soit rempli.

Réservez au frais.

**Variante !**

Ces verrines peuvent être réalisées avec du fromage blanc nature de la marque Vrai, des fruits exotiques ou rouges nature décongelés Picard, bref des ingrédients simples, sans additifs ni sucres ajoutés. Pour les gourmands, on peut ajouter dans ces verrines des brisures de biscuits comme les Broyés du Poitou de la marque Nos Régions ont du talent (Leclerc) qui ne sont composés que de « vrais » ingrédients.

100 g de noix de coco râpée

+

1 banane bien mûre

+

25 cl de crème coco bio Kara

+

50 g de chocolat noir à 70 %

100% VEGAN

# Gâteau bounty **healthy**

POUR 4 • PRÉPA. 5 MIN • CUISSON 10 MIN

Dans un bol, écraser la banane à la fourchette, ajouter 10 cl de crème de coco puis la noix de coco rapée.

Déposer cette préparation dans 4 ramequins de 10 cm de diamètre puis lisser à l'aide du dos d'une cuillère.

Enfourner 10 minutes dans un four préchauffé à 180 °C.

Préparer ensuite la crème au chocolat. Faire chauffer 15 cl de crème et la verser sur le chocolat.

Fouetter jusqu'à ce que l'ensemble soit homogène.

Répartir la crème au chocolat dans les ramequins.

Laisser au frais pour que le chocolat fige légèrement.

*Recette de Rabia Combet, Lalignegourmande.fr*

1 pot de confiture de châtaigne Verfeuille Bio

+

3 œufs bio Bleu-Blanc-Cœur

+

100 g de poudre de noisettes

+

- 1 c. à c. de bicarbonate de soude alimentaire

# Gâteau à la châtaigne simplissime

POUR 4 • PRÉPA. 5 MIN • CUISSON 20 MIN

Dans un saladier, battre la confiture de châtaigne avec les œufs.

Ajouter le bicarbonate avec la poudre de noisette.

Verser la préparation dans un moule beurré.

Cuire 20 minutes au four à 210 °C.

**Info nutrition !**

Pour préparer des desserts, la farine ou la purée de châtaigne peuvent remplacer avantageusement la farine de blé. La châtaigne est exempte de gluten et une bonne source de potassium, un minéral favorable à l'équilibre acido-basique de l'organisme et participe ainsi à la prévention de l'ostéoporose.

100 g de chocolat noir
70 % minimum

+

40 g de sucre
en poudre

+

3 œufs bio
Bleu-Blanc-Cœur

# Mousse intense au chocolat

POUR 3 • PRÉPA. 15 MIN

Casser le chocolat en morceaux dans un bol. Le faire fondre au bain-marie. Sortir le bol de l'eau.

Séparer les blancs des jaunes.

Ajouter les jaunes et le sucre dans le bol avec le chocolat et bien mélanger.

Battre les blancs en neige. Y incorporer délicatement la préparation au chocolat.

Répartir dans des verrines et réserver au frais.

## Le bon plan !

La mousse au chocolat Bonne Maman contient uniquement des ingrédients « naturels » : œufs, crème, chocolat noir à 70 %, sucre, blanc d'œufs. Une mousse de bonne qualité, tout comme celle de Marie Morin.

250 g de chocolat noir
70 % minimum

1 yaourt nature

120 g de poudre
d'amande

- 80 g de beurre
- 3 œufs bio
  Bleu-Blanc-Cœur

# Fondant au chocolat sans gluten

POUR 4 • PRÉPA. 15 MIN • CUISSON 25 MIN

Dans une casserole, faire fondre le chocolat avec le beurre.

Casser les œufs et les battre en omelette. Mélanger avec le yaourt puis ajouter le chocolat fondu. Mélanger à nouveau.

Ajouter la poudre d'amande et mélanger.

Mettre le tout dans des ramequins préalablement beurrés.

Cuire 20-25 minutes au four à 180° C.

Servir immédiatement afin de conserver le cœur fondant.

1 sachet de billes de melon surgelées

+

4 poignées de framboises surgelées (ou un mélange de fruits rouges)

+

Quelques brins de menthe fraîche

+

1 c. à s. de miel

100% VEGAN

# Salade melon, menthe et framboises

POUR 4 • PRÉPA. 10 MIN

Décongeler les fruits comme indiqué sur l'emballage.

Dans un saladier, mélanger les fruits décongelés avec le miel.

Détacher les feuilles de menthe, les ciseler finement et les incorporer à la préparation.

1 pot de glace au café L'Essentiel Adélie (Intermarché)

+

20 cl de crème fluide Monoprix Bio

+

1 c. à c. de cacao Van Houten

+

4 expressos froids

# Le vrai café **liégeois**

POUR 4 • PRÉPA. 10 MIN

Réaliser les cafés et les refroidir à température ambiante.

Battre la crème bien froide au batteur électrique jusqu'à ce qu'elle devienne ferme (3 à 5 minutes).

Dans chaque coupe ou grand verre, déposer 2 boules de glace au café.

Napper avec un expresso froid.

Recouvrir de chantilly et saupoudrer d'un peu de cacao pour décorer.

## Le bon plan !

La gamme de crèmes glacées et sorbets L'Essentiel (marque Adélie d'Intermarché). Des produits peu transformés, avec un nombre d'ingrédients limité. C'est suffisamment rare au rayon des glaces pour être signalé.

600 g d'oreillons d'abricots Picard

3 œufs bio Bleu-Blanc-Cœur

200 ml de lait ½ écrémé de montagne bio

- 4 c. à c. d'amandes effilées
- 50 g de miel
- 200 ml de lait demi-écrémé
- 10 g de beurre

# Flan aux abricots et au miel

POUR 4 • PRÉPA. 10 MIN • CUISSON 45 MIN

Fouetter les œufs avec le miel et les amandes effilées.

Incorporer le lait.

Décongeler les oreillons d'abricots 10 minutes au micro-ondes en position décongélation.

Les répartir dans 4 ramequins beurrés (ou dans un grand moule à gâteau beurré).

Verser la préparation sur les abricots et cuire 45 minutes à 180 °C.

600 g de rhubarbe en morceaux Picard

80 g de farine bio

70 g de sucre bio

- 50 g d'amandes en poudre
- 75 g de beurre tendre + 10 g pour le moule

# Crumble à la rhubarbe

POUR 2 • PRÉPA. 15 MIN • CUISSON 30 MIN

Décongeler les fruits 10 minutes au micro-ondes.

Pendant ce temps, mélanger la farine à la poudre d'amande et à la cassonade. Avec les doigts, incorporer le beurre tendre de manière à avoir une texture sableuse.

Beurrer un moule à gâteau et y déposer les morceaux de rhubarbe.

Parsemer la pâte sablée au-dessus des fruits et cuire le tout 30 minutes au four, à 160 °C.

**Variante !**

Cette recette peut également être réalisée avec des pommes à la place de la rhubarbe et de la noix de coco à la place de la poudre d'amande.

450 g de mangue surgelée

1 grenade

100% VEGAN

# Salade de mangue et grenade

POUR 4 • PRÉPA. 10 MIN

Décongeler les morceaux de mangue en les plaçant au four à micro-ondes durant 11 minutes en position décongélation (ou en les laissant 8 heures au réfrigérateur dans une assiette).

Ouvrir la grenade et détacher délicatement les grains avec les doigts.

Dans un saladier, mélanger la mangue avec la grenade.

**Variante !**

On trouve au rayon surgelés de nombreux fruits coupés et épluchés sans sucre ajouté ni additifs : mangue, framboises, melon, mélange de fruits rouges... À associer à des fruits frais (kiwi, pomme, poire...) ou secs (amandes effilées, noix, pignons...) pour préparer des salades de fruits originales et variées tout au long de l'année.

250 g de farine tamisée

+

4 œufs bio
Bleu-Blanc-Cœur

+

450 ml de lait ½ écrémé
de montagne bio

+

- 50 g de beurre
- 2 c. à s. d'eau de fleur d'oranger
- 2 c. à s. de sucre
- 1 pincée de sel

# Crêpes
# à la fleur d'oranger

POUR 4 • PRÉPA. 15 MIN • REPOS. 30 MIN • CUIS. 3 MIN/CRÊPE

Faire fondre le beurre.

Dans un saladier mélanger la farine, le sucre, le sel.

Ajouter les œufs et le beurre fondu, mélanger énergiquement pour obtenir une pâte lisse, sans grumeaux.

Ajouter le lait progressivement puis l'eau de fleur d'oranger.

Laisser reposer environ 30 minutes.

Faire chauffer dans une poêle à crêpes un peu de beurre et l'étaler à l'aide d'un papier essuie-tout.

Verser une louche de pâte, laisser cuire la crêpe 1 ou 2 minutes pour qu'elle soit bien dorée, puis la retourner et poursuivre la cuisson 1 minute.

### Le bon plan !

Les petites crêpes bio de U, contrairement à la plupart des crêpes toutes prêtes vendues en supermarché, sont peu sucrées (13 g de sucre/100 g contre 20 à 30 g en général) et composées uniquement d'ingrédients de bonne qualité : lait frais entier 19 %, œufs entiers, sucre de canne... et une bonne huile (colza). Bravo !

# Gâteau au yaourt
# aux pommes

1 pot de yaourt nature bio

3 œufs bio Bleu-Blanc-Cœur

½ pot d'huile de colza bio désodorisée (en magasins bio)

- 1 pot de sucre
- 3 pots de farine
- 1 c. à c. de bicarbonate alimentaire
- 3 pommes

POUR 6 • PRÉPA. 10 MIN • CUISSON 40 MIN

Verser le yaourt dans un saladier. Garder le pot du yaourt qui servira de doseur. Ajouter le sucre, l'huile, les œufs puis la farine et le bicarbonate.

Bien mélanger pour obtenir une texture lisse.

Découper les pommes en morceaux fins et les incorporer à la pâte.

Verser la préparation dans un moule à gâteau préalablement beurré.

Cuire 40 minutes au four à 180 °C.

200 g de mélange de fruits rouges surgelés

+

1 pot de sorbet à la framboise Pure Sélection de Picard

+

1 pot de glace à la vanille Pure Sélection de Picard

+

- Quelques framboises fraîches pour la déco
- 50 g d'éclats de pistaches torréfiées (facultatif)

# Coupe framboisier glacé

POUR 4 • PRÉPA. 10 MIN

Préparer le coulis en faisant chauffer les fruits rouges surgelés à feu doux quelques minutes. Quand les fruits sont ramollis, les mixer finement et laisser refroidir dans un bol.

Dans chaque coupe, disposer 1 boule de glace à la framboise avec 2 boules de vanille. Les arroser de coulis.

Décorer de framboises fraîches et éventuellement, d'éclats de pistaches.

4 demi-poires au sirop léger Saint Mamet

+

100 g de chocolat noir 85 %

+

10 cl de crème légère Condé sur Vire Elle & Vire

+

1 petite poignée d'amandes effilées

# Poire **Belle-Hélène healthy**

POUR 2 • PRÉPA. 5 MIN • CUISSON 5 MIN

Égoutter les poires et déposer (selon la taille) deux ou trois demi-fruits dans chaque ramequin.

Faire fondre le chocolat dans un bol au bain-marie.

Quand il est fondu, ajouter la crème liquide et bien mélanger.

Recouvrir les poires de sauce au chocolat puis saupoudrer d'amandes effilées.

**Info conso !**

La teneur en sucre des poires au sirop varie selon les marques de 12 à 14 g pour 100 g.

4 oranges +
4 oranges sanguines

3 c. à s. d'eau de
fleur d'oranger

- ½ citron
- 4 c. à c. de cannelle en poudre
- 1 c. à c. de miel (facultatif)
- 2-3 brins de menthe fraîche (facultatif)

100% VEGAN

# Salade d'orange à la cannelle

POUR 6 • PRÉPA. 10 MIN

Peler les oranges à vif, les couper en tranches d'environ ½ cm et les placer dans un plat.

Dans un bol, mélanger le miel, le jus d'un demi-citron, l'eau de fleur d'oranger puis verser ce jus sur les oranges.

Saupoudrer de cannelle, ajouter éventuellement quelques feuilles de menthe et réserver au frais.

## Le bon choix !

L'eau de fleur d'oranger ajoutée traditionnellement dans les pâtisseries orientales est un hydrolat naturel. Les produits vendus en grande surface ne sont pas des hydrolats mais un mélange d'eau et d'arômes. La Pâtelière propose un produit intermédiaire qui associe eau de fleur d'oranger et arôme. Si vous voulez du 100 % naturel, vous pouvez utiliser les hydrolats bio purs vendus comme cosmétiques sur des sites comme aroma-zone.com.

600 g de myrtilles surgelées

+

1 pâte brisée pur beurre Marie

+

1 c. à s. de crème fraîche entière Président

+

- 60 g d'amandes en poudre
- 50 g de cassonade
- 2 œufs bio Bleu-Blanc-Cœur

# Tarte aux myrtilles

POUR 4 • PRÉPA. 10 MIN • CUISSON 35 MIN

Étaler la pâte brisée dans un moule à tarte.

Recouvrir la pâte de poudre d'amandes puis de myrtilles préalablement décongelées.

Cuire 5 minutes au four à 180 °C.

Pendant ce temps, battre les 2 œufs avec la crème et le sucre.

Retirer la tarte du four, déposer le mélange flan sur les fruits et renfourner 30 minutes.

**À savoir !**

La poudre d'amande, en plus d'apporter des nutriments intéressants à ce dessert, absorbe l'eau des myrtilles ce qui évite que la pâte se ramollisse. La crème fraîche Président, comme la plupart des crèmes épaisses entières, ne contient aucun épaississant ou stabilisant. Plus d'infos sur les crèmes fraîches p. 17.

500 g de fruits rouges surgelés bio

+

2 yaourts à la grecque bio Yaos

+

125 g de sucre glace bio la Patelière

+

- Jus d'½ citron
- Zestes d'un citron

# Glaces au yaourt et aux fruits

POUR 6 • PRÉPA. 10 MIN • REPOS 2 H

Dans un robot, placer tous les ingrédients et les mixer afin d'obtenir une préparation lisse.

Remplir des moules à esquimaux avec la préparation et les placer au congélateur.

Attendre au minimum deux heures avant de les démouler. Déguster.

### Pas le temps ?

Utilisez un yaourt aux fruits tout prêt : yaourt à boire bio P'tites pailles Les 2 Vaches ou yaourt aux fruits L'Essentiel (Pâturages, Intermarché). À éviter : les Petits Filous ou Danonino qui sont ultra-transformés.

4 sablés noisette sirop d'érable de Jardin Bio

+

30 g de beurre tendre

+

2 c. à c. de miel

+

- 4 pommes
- 1 c. à c. de mélange quatre-épices
- 1 c. à c. de cannelle
- 2 c. à c. de jus de citron

# Pommes au four au miel et aux épices

POUR 4 • PRÉPA. 5 MIN • CUISSON 40 MIN

Laver et vider les pommes à l'aide d'un vide-pomme. Les disposer dans un plat allant au four.

Dans un bol, mélanger les épices, le miel, le jus de citron et le beurre.

Déposer le mélange à l'intérieur des pommes.

Cuire 40 minutes au four à 180 °C.

Dans chaque assiette, déposer une pomme et garnir d'un biscuit émietté. Servir.

100% VEGAN

# Pancakes
# aux fruits rouges

200 g de fruits rouges frais ou surgelés

+

50 cl de lait de soja sans sucres ajoutés

+

1 sachet de poudre à lever sans phosphate La Pâtelière

+

- 300 g de farine
- 1 pincée de sel
- 3 c. à s. de sucre roux
- 3 c. à s. d'huile de colza bio

POUR 6 • PRÉPA. 10 MIN • CUISSON 30 MIN

Verser la farine, le bicarbonate, le sel et le sucre dans un saladier.

Délayer à l'aide d'un batteur avec le lait de soja et l'huile de colza.

Incorporer les fruits frais ou décongelés.

Verser une petite louche de pâte dans une poêle à pancake bien chaude et graissée avec un peu de beurre.

Cuire 2 minutes de chaque côté.

Déguster immédiatement.

70 g de chocolat noir à 70 %

+

70 g de compote de poire sans sucre ajouté

+

30 g de farine semi-complète bio ou T80

+

- 1 œuf bio Bleu-Blanc-Cœur
- 50 g de fromage blanc

# Fondant **chocolat poire**

POUR 2 • PRÉPA. 15 MIN • CUISSON 25 MIN

Faire fondre le chocolat au bain-marie dans un grand bol.

Laisser tiédir 5 minutes avant d'ajouter l'œuf entier, le fromage blanc, la compote et la farine.

Bien mélanger pour obtenir un mélange homogène.

Verser la préparation dans un moule rond tapissé d'une feuille de papier cuisson. Lisser à l'aide d'une spatule et recouvrir d'une autre feuille de papier cuisson.

Placer le moule dans le panier du cuit vapeur et faire cuire durant 25 minutes à feu moyen.

*Recette de Rabia Combet, Lalignegourmande.fr*

250 g de crème fraîche entière épaisse

+

250 g de farine

+

300 g de myrtilles

+

- 150 g de sucre
- 3 œufs bio Bleu-Blanc-Cœur
- 1 sachet de poudre à lever sans phosphate La Pâtelière

# Molly cake
# à la myrtille

POUR 4 • PRÉPA. 15 MIN • CUISSON 25 MIN

Monter la crème en chantilly. Réserver au frais.

Avec un batteur, fouetter les œufs et le sucre durant 5 minutes (l'ensemble doit mousser et augmenter de volume).

Tamiser la farine et la poudre à lever dans le mélange œuf-sucre, bien mélanger. Puis intégrer délicatement la crème chantilly avec une spatule et enfin les myrtilles.

Verser la préparation dans un moule tapissé d'une feuille de papier cuisson.

Enfourner dans un four préchauffé à 150 °C pendant 25 minutes.

*Recette de Rabia Combet, Lalignegourmande.fr*

100 g de chocolat
à 85 %

+

50 g de mélange de
fruits secs (amandes,
noisettes, noix,
raisins secs ou cranberries)

+

15 g de noix de coco en
poudre ou en copeaux
(facultatif)

100% VEGAN

# Tablettes de chocolat mendiant

POUR 4 • PRÉPA. 10 MIN • REPOS 1 H

Faire fondre le chocolat dans un bol au bain-marie.

Répartir la moitié du chocolat dans 4 moules à financiers en silicone.

Ajouter les fruits secs en les tassant bien, de manière à ce qu'ils trempent au moins en partie dans le chocolat.

Verser le reste du chocolat par-dessus.

Laisser refroidir et démouler.

Couper les barres en deux dans le sens de la longueur et déguster en collations.

07

# Boissons

1 sachet de thé vert gingembre citron vert Ethiquable

+

3 belles branches de menthe bio si possible

+

- ½ litre d'eau
- 1 citron vert bio ou non traité
- 2 c. à c. de miel (facultatif)
- 1 verre de glace pilée

# Thé glacé gingembre citron menthe

POUR 3 • PRÉPA. 10 MIN • REPOS 1 H

Déposer le sachet de thé dans une carafe et la remplir d'eau. Réserver au réfrigérateur une quarantaine de minutes.

Sortir la tisane froide. Ajouter les rondelles de citron finement coupées, quelques brins de menthe fraîche et éventuellement le miel.

Remuer le tout et réserver de nouveau au frais durant une demi-heure.

Dans 3 grands verres, placer la glace pilée puis verser le thé glacé.

Déguster.

### Thé et tisanes, faites le bon choix !

L'infusion Ethiquable utilisée ici contient du thé, du gingembre, un arôme naturel de citron et des écorces d'agrumes. Les produits bio ou classiques (verveine, tilleul, menthe, thym...) sont généralement exempts d'arômes. À éviter : les infusions fruits rouges qui contiennent trop d'arômes pour trop peu de fruits.

250 g de fruits rouges bio surgelées

+

1 banane

+

150 ml de jus de pommes bio

+

8 glaçons

# Smoothie aux fruits rouges

POUR 4 • PRÉPA. 5 MIN

Dans un blender, mixer les fruits rouges avec la banane et le jus de pommes.

Servir avec des glaçons.

**Le bon plan !**

Le mélange de fruits pour smoothie de chez Picard (2/3 d'un mélange myrtilles-fraises-framboises, 1/3 de banane, un peu d'eau et de jus de citron) pour faire des smoothies chez soi en 2 minutes top chrono.
À mélanger avec du lait de coco, de l'eau ou du yaourt selon le goût. Pas de sucre ajouté, ni de conservateurs. Bravo !

2 sachets de fruits exotiques pour smoothie Picard (mangue, physalis, jus de fruit de la passion)

+

200 ml de lait de coco bio Kara

+

- 4 glaçons
- Quelques feuilles de menthe pour la décoration

# Smoothie
# coco mangue

POUR 2 • PRÉPA. 5 MIN

Mixer le lait de coco avec les deux sachets de fruits.

Servir avec des glaçons et déposer une feuille de menthe sur chaque verre.

**Variante !**

À la place des fruits pour smoothie de chez Picard, vous pouvez utiliser les ananas au jus de Saint Mamet pour fabriquer une délicieuse piña colada sans alcool. Ces ananas sont préparés avec un sirop de sucre et non de glucose-fructose comme souvent.

1 l d'Évian

1 petit concombre bio

1 citron bio

12 glaçons

# Eau détox concombre citron

POUR 6 • PRÉPA. 5 MIN • REPOS 30 MIN

Laver le concombre et le couper en rondelles après avoir retiré les extrémités.

Faire de même avec le citron.

Déposer le tout dans une carafe d'eau et réserver au frais durant une demi-heure.

Servir avec des glaçons.

## Eaux minérales, faites le bon choix !

L'eau d'Evian est une eau faiblement minéralisée. Elle convient pour la préparation des biberons. Variez les marques pour bénéficier des propriétés de chacune (richesse en calcium et magnésium ou richesse en bicarbonates). Plus d'informations dans *Le Bon Choix au supermarché* p. 306).

20 ml de jus de carottes bio Bjorg

+

4 oranges

+

1 citron

+

Glaçons

# Boisson multivitamines

POUR 2 • PRÉPA. 5 MIN

Presser les agrumes.

Verser le jus de carottes dans une carafe ainsi que le jus d'agrumes.

Ajouter des glaçons selon votre convenance, bien remuer puis servir.

## Le bon plan !

Le jus de fruits orange carotte citron de Bjorg. Un mélange de jus d'orange (60 %), de carotte (20 %), de pomme, citron et acérola. Pas de sucre ajouté, ni d'eau contrairement à la gamme ACE de Pago.

# Fruits et légumes

## PRINTEMPS — AVRIL, MAI, JUIN

Abricot
Amande fraîche
Banane
Cassis
Cerise
Fraise
Framboise
Mûre
Prune
Rhubarbe

Artichaut
Asperge
Avocat
Betterave
Carotte
Chou-fleur
Chou rouge
Concombre
Épinard
Fèves
Navet
Oignon
Petits pois
Poireau
Pois gourmands
Poivron
Radis
Salade
Tomate

## ÉTÉ — JUILLET, AOÛT, SEPTEMBRE

Abricot
Amande
Banane
Brugnon
Cassis
Cerise
Figue
Fraise des bois
Framboise
Groseille
Fruits rouges
Melon
Mirabelle
Mûre
Myrtille
Nectarine
Pastèque
Pêche
Poire
Pomme
Prune
Quetsche
Reine-claude

Ail
Artichaut
Aubergine
Salade
Betterave rouge
Blette
Chou de Bruxelles
Chou-fleur
Chou rouge
Concombre
Cornichon
Courge
Courgette
Épinard
Fenouil
Fève
Haricots verts
Poivron
Salade
Salsifis
Tomate

# Suivez les saisons

## AUTOMNE — OCTOBRE, NOVEMBRE, DÉCEMBRE

Banane
Châtaigne
Coing
Figue
Grenade
Kaki
Mandarine
Myrtille
Noix
Noisettes
Olives
Pêche de vigne
Poire
Pomme
Quetsche
Raisin

Betterave rouge
Blette
Brocoli
Carotte
Céleri
Champignons
Chou chinois
Choux de Bruxelles
Chou-fleur
Endive
Épinard
Fenouil
Navet
Oignon
Panais
Poireau
Potiron
Radis
Salade
Salsifis
Topinambour

## HIVER — JANVIER, FÉVRIER, MARS

Ananas
Avocat
Banane
Citron
Clémentine
Fruit de la passion
Goyave
Grenade
Kaki
Kiwi
Litchi
Mandarine
Mangue
Pamplemousse
Papaye
Poire
Pomelo
Pomme
Orange
Orange sanguine

Betterave
Brocoli
Cardon
Carotte
Céleri
Champignons
Choux
Courges
Crosne
Endive
Épinard
Navet
Oignon
Panais
Poireau
Potiron
Potimarron
Salsifis
Topinambour

# Des menus pour...

## PRINTEMPS

| | MIDI | SOIR |
|---|---|---|
| **L** | Boulgour asperge tomates chorizo<br>Fromage blanc aux fruits rouges | Salade à la marocaine (p. 82)<br>Papillote de colin aux légumes (p. 160)<br>Pomme bio |
| **M** | Salade «Italians do it better» (p. 76)<br>Abricots | Épinards frais à la poire et au bleu (p. 86)<br>Cabillaud pané à l'avoine (p. 162)<br>Compote pomme cassis |
| **M** | Salade verte aux radis<br>Quiche saumon épinards (p. 114)<br>Fraises | Salade de lentilles et roquette (p. 52)<br>Poire Belle-Hélène (p. 208) |
| **J** | Buddha bol énergie (p. 60)<br>Morceaux de poire<br>Andros sans sucre ajouté | Soupe fraîche concombre crevettes (p. 98)<br>Cake chorizo olives (p. 104)<br>Salade de fruits |
| **V** | Salade de tofu aux herbes (p. 68)<br>Cookies aux noix et raisins secs (p. 180)<br>Yaourt de brebis | Poulet basquaise express (p. 146)<br>Riz de Camargue<br>Faisselle au miel |
| **S** | Tagliatelles aux légumes<br>et encornets (p. 168)<br>Prunes | Artichauts au beurre persillé (p. 156)<br>Brochettes de poulet aux légumes (p. 148)<br>Crumble à la rhubarbe (p. 198) |
| **D** | Fagots d'asperges au jambon (p. 28) Rôti de veau<br>Poêlée pois gourmands, petits pois et carottes<br>Coupe framboisier glacé (p. 206) | Röstis de légumes (p. 136)<br>Salade verte aux raisins secs<br>Compote de rhubarbe |

# Tous les jours !

## ÉTÉ

| | MIDI | SOIR |
|---|---|---|
| L | L'authentique taboulé libanais (p. 74)<br>Flan aux abricots et au miel (p. 196) | Salade verte<br>Pizza tomates cerises et roquette (p. 112)<br>Duo melon pastèque |
| M | Buddha bol au saumon (p. 56)<br>Prunes | Cordon bleu maison (p. 132)<br>Poêlée de haricots verts à la persillade<br>Abricots |
| M | Cabillaud en croûte d'herbes (p. 128)<br>La vraie ratatouille provençale (p. 174)<br>Glace au yaourt et aux fruits (p. 214) | Aubergines à la parmigiana (p. 124)<br>Onglet de boeuf grillé<br>Salade de fruits |
| J | Taboulé de quinoa aux 3 poivrons (p. 50)<br>Jambon sans nitrites Herta<br>Brugnon | Gaspacho<br>Croque-monsieur de pain complet au pesto, jambon cuit, fromage<br>Cerises |
| V | Paëlla de la mer<br>Salade melon, menthe et framboises (p. 192) | Piperade aux œufs (p. 140)<br>Tarte aux myrtilles (p. 212) |
| S | Courgettes farcies aux 2 quinoas (p. 130)<br>Escalope de dinde à la sauce tomate<br>Poire | Omelette aux pommes de terre<br>Salade à la grecque<br>Compotée de fruits |
| D | Salade tomates mozzarella<br>Dorade au barbecue<br>Salade de riz<br>Le vrai café liégeois (p. 194) | Moussaka<br>Salade de pêche à la verveine |

## AUTOMNE

| | MIDI | SOIR |
|---|---|---|
| L | Brouillade tofu, épinards, champignons (p. 122)<br>Pomme | Velouté de carottes au cumin (p. 92)<br>Quiche thon épinards<br>Prunes |
| M | Salade verte aux oignons<br>Hachis parmentier aux carottes (p. 138)<br>Salade de mangue et grenade (p. 200) | Fondue de poireaux aux Saint-Jacques (p. 134)<br>Riz basmati<br>Poire |
| M | Sandwich saumon tartare (p. 106)<br>Velouté de brocolis aux noisettes (p. 94)<br>Raisin | Filet mignon de porc<br>Lentilles aux carottes<br>Mandarines |
| J | Crumble de potimarron au gingembre (p. 142)<br>Cabillaud au chorizo à la vapeur<br>Kaki | Poulet aux amandes<br>Tagliatelles au basilic<br>Figues |
| V | Brandade de poisson<br>Duo panais-carottes au cumin<br>Salade de pommes, jus de citron, noix de coco râpée et copeaux de chocolat | Omelette aux champignons<br>Salade de brocolis et pignons (p. 62)<br>Faisselle à la crème de marron |
| S | Salade choux de Bruxelles aux noisettes (p. 78)<br>Yaourt de brebis<br>Chaussons aux pommes et pruneaux (p. 178) | Mini pizzas de courgettes (p. 36)<br>Curry aux petits pois et gambas (p. 158)<br>Salade melon, menthe et framboises (p. 192) |
| D | Salade de chou blanc, carottes et raisins secs<br>Magret de canard + Poêlée forestière<br>Gâteau à la châtaigne simplissime (p. 186) | Gratin de ravioles et poireaux (p. 152)<br>Salade d'endives<br>Morceaux d'ananas sans sucre ajouté Andros |

## HIVER

| | MIDI | SOIR |
|---|---|---|
| L | Salade à la marocaine (p. 82)<br>Yaourt nature<br>Pomme | Trio endive avocat saumon (p. 70)<br>Compote de poire |
| M | Chili sin carne express (p. 164)<br>Fromage blanc<br>Kiwi | Velouté de potiron coco gingembre (p. 96)<br>Tarte tatin aux oignons et curcuma (p. 116)<br>Mandarines |
| M | Poulet aux olives<br>Boulgour<br>Mangue | Galettes de sarrasin jambon, œuf, fromage (p. 118)<br>Salade verte à la betterave<br>Pommes au four au miel et aux épices (p. 216) |
| J | Taboulé de quinoa aux 3 poivrons (p. 50)<br>Jambon sans nitrites Herta<br>Brugnon | Mille-feuille de pommes de terre, poisson et feuilles de blettes<br>Litchis |
| V | Duo roquette et mâche<br>Risotto safrané au cabillaud<br>Fromage blanc au miel | Piperade aux œufs (p. 140)<br>Tarte aux myrtilles (p. 212) |
| S | Cassoulet rapido presto (p. 170)<br>Salade pomme, banane, mangue, ananas, kiwi | Guacamole au piment d'Espelette (p. 44)<br>Merlu au citron<br>Purée de patates douces<br>Poire Belle-Hélène (p. 208) |
| D | Anchoïade et ses légumes croquants<br>Rôti de veau farci aux herbes<br>Purée de topinambours<br>Fondant chocolat poire (p. 222) | Soupe de lentilles au curry (p. 90)<br>Œufs à la coque<br>Tranches d'ananas |

# Votre liste de courses

# LES MEILLEURS PRODUITS DE MARQUE DE DISTRIBUTEUR (MDD)

## Auchan

- ☐ Mâche en sachet bio
- ☐ Jeunes pousses en sachet bio
- ☐ Poivrons grillés surgelés
- ☐ Poêlée de légumes à la bretonne bio
- ☐ Moutarde de Dijon bio
- ☐ Galettes de blé noir bio
- ☐ Rillettes du Mans

## Intermarché

- ☐ Purée de carotte surgelée L'Essentiel Saint Eloi
- ☐ Pommes grenailles surgelées Bouton d'Or
- ☐ Glaces café, vanille et chocolat et sorbet framboise l'Essentiel Adélie
- ☐ Ratatouille à la provençale Itinéraire des Saveurs
- ☐ Ratatouille Saint Eloi bio
- ☐ Sardines à l'huile d'olive Capitaine Cook
- ☐ Crackers aux 3 graines bio
- ☐ Flocons d'avoines nature Bio Chabrior
- ☐ Poires au sirop léger Paquito
- ☐ Confiturelle bio
- ☐ Chorizo Casa Ramon
- ☐ Jambon de Parme Itinéraire des saveurs
- ☐ Tartare de saumon fumé et saumon cru Capitaine Cook
- ☐ Yaourts aux fruits L'Essentiel Pâturages

## Casino supermarchés

- ☐ Carottes en rondelles sans résidus de pesticides
- ☐ Trio de poivrons surgelés sans résidus de pesticides
- ☐ Poêlée de pommes de terre grenaille
- ☐ Mélange de fruits rouges bio surgelés
- ☐ Haricots blancs cuits en bocal bio
- ☐ Crackers aux 3 graines bio
- ☐ Rillettes du Mans
- ☐ Jambon de Parme

## Système U

- ☐ Saucisse de Toulouse U Bio
- ☐ Moules farcies surgelées
- ☐ Œufs bio Bleu-Blanc-Cœur U
- ☐ Petites crêpes bio U
- ☐ Pâte à tartiner choco noisettes U Saveurs
- ☐ Moutarde de Dijon bio
- ☐ Crackers aux 3 graines bio
- ☐ Vinaigre balsamique de Modène
- ☐ Vinaigre balsamique U Saveurs
- ☐ Crème fraîche fluide U

## MONOPRIX

- ☐ Ratatouille bio
- ☐ Piperade basquaise Monoprix Gourmet
- ☐ Pesto Italians do it better
- ☐ Vollkornbrot (pain de seigle complet) bio
- ☐ Pain Biofournil
- ☐ Moutarde à l'ancienne bio
- ☐ Cubes de saumon aux graines sésame pavot Monoprix Gourmet
- ☐ Tartare de saumon cru Monoprix Gourmet
- ☐ Saucisses de Francfort bio
- ☐ Salade repas bio
- ☐ Mâche en sachet bio
- ☐ Crème fluide entière pasteurisée bio
- ☐ Crème fleurette UHT

## E.Leclerc

- ☐ Carottes en rondelles surgelées Bio Village
- ☐ Julienne de légumes surgelée Bio Village
- ☐ Sauce tomate et olives Tradizioni d'Italia
- ☐ Tomates séchées Tradizioni d'Italia
- ☐ Galettes au blé noir Bio Village
- ☐ Broyés du Poitou Nos régions ont du talent
- ☐ Pizza 3 fromages Bio Village

## Carrefour

- ☐ Lait de montagne bio
- ☐ Yaourt à la grecque bio
- ☐ Poêlée champêtre surgelée bio
- ☐ Petits pois surgelés bio
- ☐ Carottes en rondelles surgelées bio
- ☐ Oignons émincés surgelés bio
- ☐ Poêlée de 6 légumes surgelés bio
- ☐ Myrtilles sauvages surgelées bio
- ☐ Fruits rouges surgelés bio
- ☐ Vollkornbrot (pain de seigle complet) bio
- ☐ Crackers aux 3 graines bio
- ☐ Rillettes du Mans
- ☐ Jambon de Parme

## picard

- ☐ Légumes à la basquaise surgelés
- ☐ Julienne de légumes bio
- ☐ Légumes grillés surgelés
- ☐ Poêlée de pommes de terre grenaille
- ☐ Galette mozzarella tomates basilic
- ☐ Myrtilles sauvages surgelées bio
- ☐ Cocktail de fruits rouges bio surgelés
- ☐ Oreillons d'abricots surgelés
- ☐ Rhubarbe surgelée
- ☐ Glace à la vanille Pure Sélection
- ☐ Sorbet La framboise Pure Sélection

# LES GRANDES MARQUES

## RAYON FRAIS

- ☐ Œufs Lustucru bio Bleu-Blanc-Cœur
- ☐ Crème légère UHT Condé-sur-Vire Elle & Vire
- ☐ Crème fouettée Les Siphonés
- ☐ Pâte feuilletée/brisée pur beurre Marie
- ☐ Pâte à pizza fine Croustipate
- ☐ Emmental sel réduit 30 % Président
- ☐ Jambon cuit à l'étouffée sans nitrites bio Herta
- ☐ Jambon Le Bon Paris sans nitrites - 25 % de sel Herta
- ☐ Jambon de Parme
- ☐ Rillettes du Mans Bahier
- ☐ Manchons de canard confits Delpeyrat
- ☐ Maquereaux fumés au poivre Delpierre
- ☐ Chorizo Casa Ramon
- ☐ Fromage fouetté Madame Loïk
- ☐ Crevettes décortiquées coriandre citron bio Miti
- ☐ Tartare de saumon Océan Délice
- ☐ Truite fumée bio Ovive
- ☐ Tzatziki extra L'Atelier Blini
- ☐ Houmous extra L'Atelier Blini
- ☐ Buddha Bol-chèvre Mix
- ☐ Salade repas Les Crudettes
- ☐ Taboulé libanais Bonduelle
- ☐ Ravioles Saint-Jean
- ☐ Écrasé de pommes de terre Créaline
- ☐ Mousse au chocolat noir intense Bonne Maman
- ☐ Mousse au chocolat Marie Morin
- ☐ Yaourt à la grecque Yaos Bio

## ÉPICERIE SALÉE

- ☐ Fèves sous vide Lunor
- ☐ Haricots rouges en bocal Jardin Bio
- ☐ Haricots rouges cuits sous vide Lunor
- ☐ Pois chiches Jardin Bio
- ☐ Maïs en bocal Jardin Bio
- ☐ Lentilles d'aucy
- ☐ Lentilles sous vide à la vapeur Lunor
- ☐ Oignons aux épices Jean Martin
- ☐ Sauce tomate olive Mutti
- ☐ Sauce tomate arrabbiata Ursini
- ☐ Sauce tomate et basilic Jean Martin
- ☐ Sauce tomate provençale Jardin Bio
- ☐ Sardines à l'huile d'olive bio Les Dieux
- ☐ Pulpe de tomate Mutti
- ☐ Pulpe de tomate Jardin Bio
- ☐ Concentré de tomate Jardin Bio
- ☐ Huile de colza vierge bio Cauvin
- ☐ Huile de colza non raffinée Lesieur
- ☐ Mayonnaise Bénédicta « comme à la maison »
- ☐ Filets de maquereaux grillés nature Saupiquet
- ☐ Olives vertes dénoyautées - 25% de sel Tramier

- ☐ Olives noires dénoyautées - 25 % de sel Tramier
- ☐ Sachet express riz, soja, sésame Céréal Bio
- ☐ Quinoa graines gourmandes Jardin Bio
- ☐ Taboulé de quinoa bio Jean Martin
- ☐ Sachet express quinoa tomate olive Bjorg
- ☐ Haricots lingots à la graisse de canard La Belle Chaurienne
- ☐ Cassoulet au porc et au canard La Belle Chaurienne
- ☐ Cassoulet au canard Maison Rivière
- ☐ Sauce tomate olive Mutti
- ☐ Huile de colza vierge bio Cauvin
- ☐ Ratatouille Jean Martin
- ☐ Ratatouille à la provençale Jardin Bio
- ☐ Anchoïade douce Jean Martin
- ☐ Tapenade d'olives noires Puget
- ☐ Pain à la farine complète de seigle et graines de courge Céréal Bio
- ☐ Pain complet 3 céréales Bjorg
- ☐ Tofu aux herbes Céréal Bio
- ☐ Tofu nature Bjorg
- ☐ Tofu fumé Bjorg
- ☐ Boisson soja nature sans sucre ajouté Bjorg
- ☐ Crème de coco Kara bio
- ☐ Lait de coco Kara bio
- ☐ Lait de coco Jardin Bio

## ÉPICERIE SUCRÉE

- ☐ Eau de fleur d'oranger La Patelière
- ☐ Poudre à lever sans phosphate La Patelière
- ☐ Poire, mangue ou ananas sans sucre ajouté Andros
- ☐ Compote de poire Good Goût
- ☐ Compote de pomme avec morceaux
- ☐ sans sucre Andros
- ☐ Confiture de châtaigne Verfeuille bio
- ☐ Muesli fruits & noix bio Jordans
- ☐ Sablé gourmand noisette sirop d'érable Jardin Bio

## SURGELÉS

- ☐ Pommes grenaille Pom Bistro
- ☐ Pommes grenaille Findus
- ☐ Épinards « feuilles préservées » Bonduelle
- ☐ Mes astuces poireaux oignons
- ☐ champignons Bonduelle
- ☐ Mes astuces courgettes tomates cerises
- ☐ oignons Bonduelle
- ☐ Persil, ail, ciboulette, échalote... bio, émincés Darégal
- ☐ Crevettes cuites décortiquées Costa
- ☐ Cocktail de fruits de mer Costa
- ☐ Queues de gambas bio décortiquées Escal
- ☐ Paëlla royale Marie
- ☐ Tentacules d'encornets géants Gineys

## BOISSONS

- ☐ Sachets de thé vert gingembre citron Ethiquable
- ☐ Jus de carotte bio Bjorg
- ☐ Jus orange carotte citron bio Bjorg

Matthias Matzke

# WUNDERSCHÖNER RHEIN

*»Der Rhein ist der Fluss, von dem alle Welt redet und den niemand studiert, den alle Welt besucht und niemand kennt.«*

Victor Hugo, französicher Schriftsteller (1802–1885)

BRUCKMANN

## Binger Loch

### At Binger Loch / Le Trou de Bingen

◀ **BURG EHRENFELS UND DER MÄUSETURM** wurden als Zollschranke vor dem Binger Loch errichtet, das früher einer der für Schiffe gefährlichsten Flussabschnitte am Eintritt des Rheins ins Rheinische Schiefergebirge war. Heute bilden die beiden Bauten gleichsam die Pfosten des Eingangstors zum Welterbe Mittelrheintal.

*Ehrenfels Castle and the Mouse Tower were built as a customs barrier at the Binger Loch sandbar, situated at the point where the Rhine enters the Rhenish Massif and once one of the most hazardous areas of the River Rhine for shipping. Today these two buildings seem to form the gateposts to the entrance to the Rhine Gorge, a World Heritage Site.*

*Le château-fort d'Ehrenfels et la Tour des Souris furent construits en face du Trou de Bingen en vue de prélever des droits de douanes. Ce site était autrefois pour les bateaux la plus dangereuse section du fleuve car situé au niveau où le Rhin s'introduit au cœur du massif schisteux rhénan. Aujourd'hui, ils constituent les deux piliers de la porte menant à la vallée fluviale du Rhin moyen classée au patrimoine culturel mondial.*

◀ ◀ **ST. GOARSHAUSEN** (vorn) und St. Goar (hinten)

*St. Goarshausen (foreground) and St. Goar (background)*

*St Goarshausen (devant) et St Goar (derrière)*

# Inhalt



◄ **Die Marksburg** bei Braubach wurde als einzige Höhenburg am Rhein nie zerstört und ist wertvoller Bestandteil des Welterbes.

*Marksburg Castle at Braubach was the only mountain castle on the Rhine to escape destruction throughout its life; it is thus a particularly precious feature of today's World Heritage Site.*

*Le château-fort de Marksburg près de Braubach est le seul château des rives du Rhin à ne jamais avoir été détruit.*

593
555
Unesco-Welterbe
Oberes Mittelrheintal
582
Unesco-Welterbe
Oberes Mittelrheintal
Rhens
526>593
Patrimonio mundial de la Unesco de la valle superior del Medio Rin
En el año 2002 la valle superior del Medio Rin fue reconocida como "patrimonio mundial de la valle superior del Medio Rin" y así forma parte de los bienes culturales y naturales más importantes del mundo.
La valle superior del Medio Rin empieza con el kilómetro de Rin 526 en Rüdesheim/Bingen y se termina con el kilómetro de Rin 593 en Koblenz. La emblema enseñada arriba representa exactamente esta parte del trayecto y al mismo tiempo ofrece una orientación para todos los poblados y lugares de interés en el patrimonio mundial marcados con una cifra de kilómetro de Rin correspondiente.
Con 67 kilómetros de largo, la valle superior del Medio Rin representa sólo el 5 por ciento del río que tiene 1320 km en total, pero con frecuencia está llamado la parte más bella del Rin entero entre los Alpes y el Mar del Norte.
En este trayecto, la valle estrecha de desbordamiento del río por la montaña esquistosa renana forma un paisaje de cultura singular que no se encuentra una vez más en Europa. El paisaje salvaje y bravo ya entusiasmaba en el siglo XIX a pintores y poetas famosos que a partir de esta época hicieron famosos las leyendas y el romanticismo de Rin por todo el mundo.
Todavía hoy, la valle del Rin que sabe conectar ficción y realidad de manera romántica con sus leyendas y mitios parece un viaje por los tiempos de la historia alemana y europea. Aquí está la roca y la tierra de la Loreley tan hermosa como mágica, pero aquí está también la tierra de vinos nobles y de una flora y fauna extraordinarias. El clima dulce y soleado de la valle del Rin contribuye perfectamente al desarrollo de ellos.
Zambullanse en más de dos mil años de historia de la valle y lleguen a conocer y a apreciar una parte del patrimonio mundial aquí mismo. Disfruten de la natura y del paisaje con una copa de vino aquí en Rhens o en una excursión en barco por el hermoso Rin.

# Welterbe Mittelrheintal

## World heritage / Patrimoine culturel mondial

Zwischen Bingen und Koblenz zwängt sich der Rhein auf einer Länge von rund 65 Kilometern durch die steilen Hänge des Rheinischen Schiefergebirges. Im Westen erhebt sich der Hunsrück, im Osten der Taunus. Seit mehr als 10 000 Jahren ist der Fluss zwischen den Bergen Grenze, Lebensader und Verkehrsverbindung für die Menschen der Region. Die Täler der Mittelgebirge waren sumpfig, die Berge steil und die Wälder dicht. Wer sicher und bequem reisen wollte, wer Waren im großen Stil zu transportieren hatte oder einfach nur schnell vorankommen musste, nutzte den Fluss. Und wer auf dem Rhein unterwegs war, musste Zoll bezahlen an jeder Grenze, die er passierte. Auf dem Abschnitt zwischen Bingen und Koblenz waren das im Mittelalter neben anderen die Grenzen der Erzbistümer Mainz und Trier sowie der Grafschaft Katzenellenbogen und der Pfalzgrafschaft bei Rhein. Für die weltlichen und kirchlichen Herren der Region waren die Rheinzölle eine wichtige Einnahmequelle. Um

◀ **Kulturerbesäule** in Rhens

*Cultural heritage column at Rhens*

*La colonne du patrimoine culturel mondial à Rhens*

Between Bingen and Koblenz, the Rhine carves out a course between the steep crags of the Rhenish Massif for a distance of around 65 kilometers. The Hunsrück mountains roll to the west, the Taunus to the east. For over 10,000 years the river between them has served as border, lifeline and transportation route for the people in the region. The mountain valleys were swampy, the crags were steep and the forests were dense. The river was used by anyone wanting to travel safely and easily, who had large quantities of goods to transport or who simply wanted to make rapid progress. And all travelers on the Rhine had to pay customs duties at every border. In medieval times, the section of the river between Bingen and Koblenz contained the borders between the archbishoprics of Mainz and Trier, the county of Katzenellenbogen and the County Palatine of the Rhein. For the secular and ecclesiastical lords of the region, the Rhine tolls were a major source of revenue. To secure them, they built castles at any and every vantage point. A castle served its lord as an economic factor, status symbol and strongroom – rarely as a place of residence.

The sheltered location in the lee of the Hunsrück mountains and the heat-retaining

Entre Bingen et Coblence, le Rhin coule sur une longueur d'environ 65 kilomètres à travers les pentes abruptes du massif schisteux rhénan. Le Hunsrück se dresse à l'ouest, les collines du Taunus à l'est. Depuis plus de 10 000 ans, le fleuve tient lieu de frontière entre les montagnes, il est une voie d'accès vitale et de circulation pour les hommes de la région. Les vallées de la moyenne montagne étaient marécageuses, les versants abruptes et les forêts denses. Celui qui souhaitait voyager confortablement et en toute sécurité, qui devait transporter des marchandises à grands frais ou qui devait tout simplement progresser rapidement au travers des montagnes, choisissait d'emprunter le fleuve. Et toute personne voyageant sur le Rhin, devait payer des droits de douane à chaque frontière qu'il passait. Au Moyen-Âge la section du Rhin comprise entre Bingen et Coblence comptait entre autres les frontières des archevêchés de Mayence et de Trèves ainsi que celles des comtés du Katzenelnbogen et du Palatinat rhénan. Les droits de douane rhénans étaient une source de revenus importante pour les grands seigneurs laïques et religieux de la région. Afin de garantir cette source de revenus, ils construisirent des châteaux sur les hauteurs de part et d'autre du Rhin, sur ses rivages et

sie zu sichern, bauten sie Burgen auf den Rheinhöhen, am Ufer und sogar mitten im Fluss. Eine Burg war Wirtschaftsfaktor, Statussymbol und Tresor ihres Herrn – nur wenige waren auch Wohnsitz.

Der Windschatten des Hunsrücks und die Wärmespeicherung der Schieferfelsen bescheren dem Mittelrheintal ein ungewöhnlich mildes Klima. Spätestens im Mittelalter begannen die Bauern der Region, die Felshänge zu Weinbergen umzugestalten. Aus Felsen wurden berühmte Weinlagen, aus Bauern Winzer. Kaufleute ließen sich am Rhein nieder, um Rheinwein in die gesamte bekannte Welt zu verkaufen. So wurde auch der Wein zum Wirtschaftsfaktor. Die aufblühenden Weinorte mussten durch Stadtmauern und weitere Burgen geschützt werden.

Die Erfindung des Schießpulvers, diverse Kriege und natürliche Erosion machten aus Burgen Ruinen. Gerade diese Ruinen zogen im 19. Jahrhundert romantisch veranlagte Menschen an – Künstler und erste Touristen. Heinrich Heine besang die Loreley, William Turner malte den Drachenfels, und Richard Wagner komponierte »Rheingold«. Wohlhabende kauften Burgruinen am Rhein und ließen sie zu »Wochenendhäusern« in einem Stil umbauen, der ihrer Vorstel-

properties of the slate massif create an unusually mild climate in the Rhine Gorge. By medieval times, local farmers had begun to establish vineyards on the slopes by building warrens of drystone walls. Rocky cliffs thus became renowned vineyards; peasants became winegrowers. Merchants settled along the Rhine to sell Rhenish wine throughout the known world. Wine itself became an important economic factor. Local towns flourished, requiring further protection in the form of city walls and yet more fortresses.

Many a fortress fell into ruins, hastened by the invention of gunpowder, the numerous wars and general dilapidation. In the 19th century these ruins in turn attracted crowds of romantically inclined visitors – artists, but also the first tourists. Heinrich Heine composed an ode to the Loreley, William Turner painted the Drachenfels, and Richard Wagner composed the opera 'Rheingold.' The castle ruins along the Rhine were snapped up by the well-to-do and converted into 'weekend residences', their style corresponding to the popular image of medieval architecture. Globetrotting British established the Rhine as a tourist destination, bought up copperplate engravings and oil paintings

même au milieu du fleuve. Un château constituait un facteur économique, un symbole de réussite sociale et le trésor de son seigneur – peu d'entre eux servaient de résidence.

Le côté abrité du vent du Hunsrück et la chaleur emmagasinée par les falaises de schiste confèrent un climat exceptionnellement doux à la vallée du Haut-Rhin moyen. C'est au plus tard au Moyen-Âge que les paysans de la région commencèrent à transformer les versants de la falaise en édifiant des terrasses viticoles faites de murs en pierres sèches. Les falaises sont devenues peu à peu de célèbres coteaux, les paysans des vignerons. Des commerçants s'installèrent sur les rives du Rhin pour y vendre du vin rhénan célèbre de par le monde. Le vin est donc aussi devenu un facteur économique. Les sites viticoles prospères durent être placés sous la protection de remparts et de nouvelles places fortes.

L'invention de la poudre à canon, les nombreuses guerres et la décadence entraînèrent la ruine de ces châteaux. Ce sont ces ruines qui justement attirèrent au 19e siècle les gens – artistes et premiers touristes – épris de romantisme. Heinrich Heine chanta la Lorelei, William Turner peignit le

lung vom Mittelalter entsprach. Reiselustige Engländer begründeten den Rheintourismus, kauften Kupferstiche und Ölgemälde und trugen so das romantische Bild vom Rhein in alle Welt.

Das obere Mittelrheintal ist eine raue, dramatische Landschaft, die in Jahrtausenden vom Menschen mit Architektur durchsetzt worden ist. In keiner anderen Region Europas fügen sich Baudenkmäler in solcher Vielfalt so harmonisch in eine außergewöhnliche Landschaft ein.

Vor diesem Hintergrund hat sich die UNESCO im Juni 2002 entschlossen, das obere Mittelrheintal zwischen Bingen und Koblenz zum Welterbe zu erklären – in einer Reihe mit den Pyramiden von Gizeh, der Akropolis von Athen und der Chinesischen Mauer.

▷ **Passagierschiffe auf dem Rhein** sind seit Beginn des Rheintourismus im 19. Jahrhundert die Vehikel der Rheinromantik.

*Passenger ships on the Rhine have been vehicles of the region's special romanticism since the river became a tourist destination in the 19th century.*

*Les bateaux de croisière du Rhin sont les véhicules du romantisme rhénan depuis le début du tourisme sur le Rhin au 19e siècle.*

and spread the romantic image of the Rhine throughout the world.

The upper part of the Rhine Gorge is a rugged, dramatic landscape, studded with architectural works built by the hand of man throughout the centuries. No other region of Europe can offer such a variety of historical monuments blending so harmoniously with the breathtaking scenery.

And no other symbiosis of nature and architecture has inspired so many artists from so many different esthetic eras as the Rhine Gorge.

Given this, in June 2002 UNESCO decided to designate the Rhine Gorge between Bingen and Koblenz a World Heritage Site – joining the Pyramids of Gizeh, the Acropolis at Athens and the Great Wall of China.

« Drachenfels » (le rocher du dragon), et Richard Wagner composa « l'Or du Rhin ». Des fortunés achetèrent des ruines de château sur les bords du Rhin pour les transformer en maisons secondaires dans un style correspondant à l'idée qu'ils se faisaient du Moyen-Âge. Les Anglais férus de voyages contribuèrent au tourisme de la région rhénane en achetant des gravures sur cuivre et des peintures à l'huile colportant ainsi de par le monde l'image romantique du Rhin.

La vallée du Haut-Rhin moyen est une contrée au paysage rude et dramatique dans laquelle l'homme s'est impliqué et a laissé sa trace architecturale des millénaires durant. Il n'existe nulle part ailleurs en Europe une région où les monuments s'intègrent aussi bien de façon si diversifiée et si harmonieuse à un tel paysage naturel d'exception. Et il n'existe aucune autre symbiose de la nature et des édifices qui ait inspiré les artistes d'autant d'époques stylistiques que celle du Rhin moyen.

Face à un tel spectacle, l'UNESCO a décidé en juin 2002 de classer la vallée du Haut-Rhin moyen située entre Bingen et Coblence au rang de patrimoine culturel mondial au même titre que les pyramides de Gizeh, l'acropole d'Athènes et le mur chinois.

Drosselhof
Heute
Tasse
Kaffee
& Kuchen

## Rüdesheim

**At Rüdesheim / À Rüdesheim**

◀ **Die Drosselgasse** in Rüdesheim ist zum Inbegriff rheinischer Gemütlichkeit und Weinseligkeit geworden.

*Drosselgasse Lane in Rüdesheim has come to symbolize the easy-going attitude of the wine-loving Rhineland.*

*La ruelle de la « Drosselgasse » à Rüdesheim, illustre à merveille la convivialité et l'amour porté au vin des rhénans.*

▶ **Schloss Vollrads** ist nur eines der berühmten Weingüter in der Umgebung von Rüdesheim. Es ist nachweislich mindestens seit dem 13. Jahrhundert in Betrieb und damit eines der ältesten ununterbrochen arbeitenden Weingüter der Welt.

*Vollrads Castle is but one of the Rüdesheim area's renowned vineyards. With documents dating its opening to the 13th century, it is one of the oldest continuously operating vineyards in the world.*

*Le château Vollrads n'est pas seulement un des domaines viticoles les plus célèbres des environs de Rüdesheim. Son existence remonte au moins au 13e siècle, ce qui fait de lui manifestement l'un des plus vieux domaines viticoles à être en activité de façon ininterrompue à ce jour.*

## Niederwaldpark

**Niederwaldpark / Le parc paysagé du Niederwald**

◀ **Das Niederwalddenkmal** erinnert an die deutsche Reichsgründung 1871. Während es früher vor allem von Schulklassen besucht wurde, sind es heute ausländische Touristen, die von hier aus den Blick in den Rheingau genießen.

*The Niederwalddenkmal monument commemorates the foundation of the German Empire in 1871. Once visited mainly by school classes, today it is sought out by international tourists enjoying its views over the Rheingau region.*

*Le monument du Niederwald rappelle la fondation de l'Empire allemand en 1871. Alors qu'il fut surtout visité autrefois par les classes d'écoles, ce sont plutôt les touristes étrangers qui jouissent aujourd'hui ici du panorama du Rheingau.*

▶ **Jagdschloss Niederwald**, Ende des 18. Jahrhunderts von Graf Karl Maximilian von Ostein erbaut, ist vom Denkmal aus durch den Niederwaldpark zu erreichen.

*Niederwald Hunting Castle, built at the end of the 18th century by Count Karl Maximilian von Ostein, can be reached from the Monument through Niederwaldpark.*

*Le château de chasse du Niederwald, édifié à la fin du 18e siècle par le comte Karl Maximilian, est accessible du monument en passant par le parc du Niederwald.*

## Burg Ehrenfels und der Mäuseturm

**Ehrenfels Castle and 'Mouse Tower' / Le château-fort d'Ehrenfels et la Tour des Souris**

◀ **Burg Ehrenfels** aus dem frühen 12. Jahrhundert diente die längste Zeit ihres Bestehens dem Erzbistum Mainz als Zollburg.

*Ehrenfels Castle, dating from the early 12th century, was a customs point for the archbishopric of Mainz for much of its life.*

*Le château-fort d'Ehrenfels qui date du début du 12e siècle servit tout au long de son existence de château douanier pour le compte de l'archevêché de Mayence.*

▶ **Der Mäuseturm** unmittelbar unterhalb der Burg Ehrenfels bildete als Wachturm zusammen mit einem heute nicht mehr existierenden Zollhaus die eigentliche Zollstation.

*Mouse Tower, directly below Ehrenfels Castle, was a watchtower that served as the actual customs station, together with now-demolished customs house.*

*La Tour des Souris située juste au pied du château-fort d'Ehrenfels était un beffroi qui formait avec un bâtiment douanier, n'existant plus aujourd'hui le véritable poste douanier d'alors.*

## Bingen und die Nahemündung

### Bingen and the Nahe Delta / Bingen et l'embouchure de la Nahe

◁ ▷ **Bingen** mit mildem Klima und in verkehrsgünstiger Lage an der Nahemündung ist seit über 2000 Jahren bewohnt. Der Name geht wohl auf ein keltisches Wort für »Graben« zurück. Die Römer bauten hier ein Kastell, hier entstand eine der ersten christlichen Gemeinden am Mittelrhein, und hier strebten die Stadtbürger früher als andernorts nach Freiheit vom Landesherrn.

*Bingen, with its mild climate and convenient situation at the mouth of the River Nahe, was first settled over 2000 years ago. The name is thought to be derived from a Celtic word for 'ditch.' It was the site of a Roman fort and of the first Christian community on the Middle Rhine; its citizens were quicker than other areas to strive for freedom from their feudal lords.*

*Apprécié pour son doux climat et son emplacement idéal à l'embouchure de la Nahe, la commune de Bingen est peuplée depuis plus de 2000 ans. Elle tient son nom d'un mot celte signifiant « le fossé ». Les Romains y construisirent un château-fort, une des premières communes chrétiennes de la vallée du Rhin moyen y vit le jour et rapidement les citoyens de la ville tentèrent plus vite qu'ailleurs de se libérer de toute souveraineté seigneuriale.*

MARKSBURG
04302890
Marksburgschiffahrt
Vomfell
56322 Spay · Tel.02628/24 31

## Rheinschifffahrt und Weiße Flotte

**Shipping on the Rhine and the White Flotte**

**Les croisières du Rhin et la Flotte Blanche**

◂ ▸ DIE WEISSE FLOTTE legte im 19. Jahrhundert den Grundstein für den Rheintourismus. Bis heute sind die Fahrgastschiffe auf dem Rhein aber nicht nur Touristenattraktion, sondern auch Nahverkehrsmittel mit festem Fahrplan. Neben großen Reedereien wie der Köln-Düsseldorfer bedienen zahlreiche kleine Familienunternehmen Streckenabschnitte zwischen Köln und Mainz.

*The White Fleet laid the foundations for the Rhine's 19th-century fame among tourists. Even today, these passenger ships are both tourist attraction and public transport service with a fixed timetable. In addition to major shipping companies like Köln-Düsseldorfer, many small family companies ply stretches of the Rhine between Cologne and Mainz.*

*Au 19e siècle, la Flotte Blanche posa les premières pierres du tourisme rhénan. Toutefois, les bateaux de croisières n'ont pas été qu'une attraction touristique jusqu'à aujourd'hui, ils sont aussi un mode de transport en commun sur le Rhin avec un système d'horaires fixes. À côté de grandes sociétés de transports maritimes comme la Köln-Düsseldorfer, de nombreuses petites entreprises familiales desservent certaines parties du fleuve entre Cologne et Mayence.*

## Assmanshausen

### At Assmannshausen / À Assmannshausen

◀ ▶ ASSMANNSHAUSEN ist die »Rotweininsel am Mittelrhein«. In einer vom Riesling dominierten Umgebung bieten die Böden und das Mikroklima des Ortes hier ausnahmsweise besonders gute Bedingungen für den Anbau von Spätburgunder. Der Höllenberg ist mit 45 Hektar die bekannteste Rotweinlage am Mittelrhein. Im Hintergrund die Burg Rheinstein am Hang über dem Rhein.

*Assmannshausen is the Rhine Gorge's red wine 'island.' In a region dominated by Riesling vines, the soil and microclimate here offer outstanding conditions for growing Pinot Noir grapes. 45 hectares in area, Höllenberg is the most famous red-wine vineyard in the Rhine Gorge. In the background, Rheinstein Castle perches on a rocky outcrop over the river.*

*Assmannshausen est l' « île du vin rouge de la vallée du Rhin moyen ». Dans une région dominée par le Riesling, les terres et le microclimat de ce site offrent des conditions particulièrement bonnes pour la culture du Spätburgunder (le Pinot Noir). La montagne Höllenberg est, avec ses 45 hectares de coteaux, la région la plus connue de la vallée du Rhin moyen. À l'arrière-plan, on voit le château de Rheinstein sur les coteaux surplombant le Rhin.*

## Burg Rheinstein

### Rheinstein Castle / Le château de Rheinstein

◀ ▶ **Burg Fatzberg,** bereits seit dem 16. Jahrhundert Ruine, war die erste Rheinburg, die in der Zeit der Romantik wieder aufgebaut wurde. Bauherr Prinz Friedrich von Preußen gab ihr den neuen Namen Rheinstein. Nachkommen der Hohenzollern bewohnten die Burg bis 1975. Nach aufwendiger Instandsetzung ist sie heute teilweise zu besichtigen.

*Fatzberg Castle, already ruined in the 16th century, was the first Rhine castle to be rebuilt in the Romantic era and received its new name of Rheinstein from its builder, Prince Frederick of Prussia. Descendants of the Hohenzollern family lived there until 1975. After extensive renovations, part of it can be toured today.*

*Le château-fort de Fatzberg, à l'état de ruine depuis le 16e siècle déjà, fut la première place forte du Rhin à être reconstruite durant l'ère romantique. Le maître d'œuvre et prince Frédéric de Prusse lui donna un nouveau nom : Rheinstein (la pierre du Rhin). Les descendants des Hohenzollern habitèrent au château jusqu'en 1975. Suite à une remise en état onéreuse, on peut aujourd'hui le visiter partiellement.*

## Lorch

### At Lorch / La ville de Lorch

◀ **Die Pfarrkirche St. Martin** in Lorch mit ihrer vielleicht bis in die Römerzeit zurückgehenden Baugeschichte beherbergt einen auf 1483 datierten Hochaltar, der als einer der größten Holzschnitzaltäre in Deutschland gilt.

*St. Martin's Parish Church in Lorch, with a history which may date back as far as Roman times, houses a high altar from 1483, regarded as one of the finest carved wooden altars in existence.*

*L'église paroissiale de St Martin à Lorch dont la construction remonte peut-être jusqu'à l'ère romaine, héberge un maître-autel datant de 1483 et considéré comme l'un des plus grands autels sculptés en bois.*

▶ **Vor dem grossen Lorcher Werth** kreuzt die Autofähre von Lorch nach Niederheimbach den Fluss. Zwischen Bingen und Koblenz gibt es keine Rheinbrücke.

*At the great Lorcher Werth island, the car ferry from Lorch to Niederheimbach crosses the river. There are no bridges over the Rhine between Bingen and Koblenz.*

*Le ferry de Lorch traverse le fleuve en direction de Niederheimbach tout en passant au large du grand Lorcher Werth. Entre Bingen et Coblence, il n'existe pas de pont enjambant le Rhin.*

## Kaub

**At Kaub / La ville de Kaub**

◀ **Burg Gutenfels** oberhalb von Kaub erhielt ihren Namen von Kurfürst Ludwig von der Pfalz, weil sie mehreren Belagerungen erfolgreich widerstand. Die im 19. Jahrhundert aus einer Ruine wiederaufgebaute Burg ist heute privat bewohnt.

*Gutenfels Castle above Kaub was given its name of 'the good rock' by Elector Palatine Ludwig after it had withstood several sieges. Rebuilt from ruins in the 19th century, the castle is today a private residence.*

*Le château de Gutenfels au-dessus de Kaub, fut baptisé par le prince électeur Louis du Palatinat, pour avoir résisté avec succès à plusieurs sièges. Sa ruine reconstruite au 19e siècle est habitée aujourd'hui.*

▶ **Burg Pfalzgrafenstein,** das »steinerne Schiff«, liegt mitten im Rhein. Zur Burgbesichtigung gelangt man von Kaub aus per Boot.

*Pfalzgrafenstein Castle, the 'stone ship,' lies in the middle of the Rhine; castle tours start from Kaub by boat.*

*Le château de Pfalzgrafenstein, « le bateau de pierre », se trouve au beau milieu du Rhin. On peut y accéder et le visiter en prenant le bateau au départ de Kaub.*

## Wandern am Rhein

### Hiking on the Rhine / Ballades au bord du Rhin

▷ **Der Rheinsteig** ist ein 320 Kilometer langer Fernwanderweg. Er verläuft rechtsrheinisch von Wiesbaden nach Bonn über aussichtsreiche Pfade und Steige außerhalb der Ortschaften, wofür er häufige Auf- und Abstiege in Kauf nimmt. Das macht ihn zu einem körperlich anspruchsvollen Weg mit bis zu 1000 Höhenmetern auf einer Tagesetappe.

*The Rheinsteig is a long-distance hiking route running 320 kilometers along the right bank of the Rhine from Wiesbaden to Bonn, taking in attractive paths and climbs off the beaten track. The frequent changes of gradient may span 1000 meters in altitude in a day, so that the route is best suited for fitter walkers.*

*Le sentier du Rheinsteig est long de 320 kilomètres. Il passe sur la rive droite du Rhin, quitte Wiesbaden pour rejoindre Bonn au gré de vues spectaculaires, de sentiers pittoresques et de sentiers abrupts et escarpés contournant les villages. C'est donc un chemin exigeant physiquement qui vous fait gravir des dénivellations importantes en une seule étape journalière allant jusqu'à 1000 mètres d'altitude.*

## Das raue Rheintal

**Rugged Rhine Valley / La rude vallée du Rhin**

◀ **Vom Spitznack** fällt der Blick gerade noch auf das im Hintergrund fast im Dunst verschwindende Oberwesel.

*The view from Spitznack extends as far as Oberwesel, almost vanishing in the distant haze.*

*Du Spitznack notre regard parvient tout juste à entrevoir la ville d'Oberwesel qui disparait presque dans la brume à l'arrière-plan.*

▶ **Die Blockloreley** und der benachbarte Spitznack südlich von St. Goarshausen gehören zu den letzten nicht vom Menschen überbauten Abschnitten des Rheintals.

*Blockloreley and neighboring Spitznack to the south of St. Goarshausen are among the last areas of the Rhine Valley without signs of human settlement.*

*La Blockloreley et le Spitznack voisin au sud de St Goarshausen font partie des dernières sections de la vallée du Rhin encore non peuplées par l'homme.*

## Loreley

### At Loreley / La Lorelei

◀ ▶ **Die Loreley** mit ihrer engen Rheinschleife, den Untiefen und Strudeln bildet eine der gefährlichsten Stellen für die Rheinschifffahrt. Die zahlreichen Schiffsunglücke haben sicherlich zur Legende von der schönen Frau beigetragen, die auf dem Felsen sitzend mit ihrem Gesang die Schiffer ablenkt und ins Verderben lockt.

*The Loreley, where the Rhine loops tightly with plentiful shallows and currents, is one of the most hazardous points for river shipping. The many shipwrecks have certainly helped to shape its legend of a beautiful woman sitting on the rocks, distracting sailors with her song and luring them to their doom.*

*Le rocher de la Lorelei constitue un nœud fluvial étroit où se forment des tourbillons et de violents courants ; c'est l'endroit le plus étroit et dangereux pour les bateaux du Rhin. Les nombreux accidents de bateau qui y ont eu lieu ont certainement contribué à la légende de cette belle nymphe, qui assise sur un rocher détourne de leur trajectoire les navigateurs pour les attirer de son chant vers les bas-fonds.*

## Über St. Goar

### At St. Goar / À St Goar

◂ **Burg Rheinfels** war bis zu ihrer Zerstörung durch französische Revolutionstruppen 1797 eine der bedeutendsten Burgen am Rhein. Sie diente zunächst den Grafen von Katzenelnbogen als Residenz, später verschiedenen Linien der Landgrafen von Hessen. Sie war der Mittelpunkt höfischer Kultur am Rhein. Heute sind in der Ruine ein Hotel und ein Museum untergebracht.

*Rheinfels Castle was one of the Rhine's most important castles until its destruction in 1797 by French revolutionary troops. It was the residence of the Counts of Katzenelnbogen before passing to various lines of the Landgraves of Hesse, and was the center of court culture in the region. Today the ruins house a hotel and museum.*

*Le château de Rheinfels fut jusqu'à sa destruction par des troupes de la Révolution françaises en 1797 l'un des châteaux les plus importants des bords du Rhin. Elle servit d'abord de résidence aux comtes de Katzenelnbogen, et plus tard aux différentes lignées des comtes du Pays de la Hesse. C'était le centre de la civilisation courtoise au bord du Rhin. Un hôtel et un musée ont trouvé leur place aujourd'hui dans ses ruines.*

## St. Goarshausen und »die Katz«

**St. Goarshausen and 'the Cat' / St Goarshausen et le château du « Katz »**

◀ **Burg Neukatzenelnbogen** vor der Loreley, genannt »die Katz«, erlaubte es den auf der gegenüberliegenden Burg Rheinfels residierenden Grafen von Katzenelnbogen, auch von den rheinabwärts fahrenden Schiffen Zoll zu erheben.

*Neukatzenelnbogen Castle before the Loreley, known as 'The Cat,' enabled the Counts of Katzenelnbogen residing in the opposite Rheinfels Castle to take in customs duties from ships sailing downstream as well.*

*Le château de Neukatzenelnbogen situé en face du rocher de la Lorelei, nommé le « Katz », permettait aux comtes de Katzenelnbogen résidants en face au château de Rheinfels de prélever des droits de douane des bateaux descendant le fleuve du Rhin.*

▶ **Vom Sandstrand** bei St. Goar schaut man auf St. Goarshausen.

*The sandy riverbanks at St. Goar offer views of St. Goarshausen.*

*De la plage de sable près de St Goar on aperçoit St Goarshausen.*

## Wellmich und »die Maus«

### Wellmich and 'The Mouse' / Wellmich et « la Souris »

▶ BURG PETERSECK nannten die Erzbischöfe von Trier ihre gegen die Grafen von Katzenelnbogen gerichtete Trutzburg oberhalb von Wellmich. Die Grafen jedoch nannten sie spöttisch nur »die Maus«, und dieser Name hat sich durchgesetzt. Heute beherbergt sie einen Adler- und Falkenhof. Im Sommer werden Flugvorführungen angeboten.

*Peterseck Castke was the fortress built by the Archbishops of Trier above Wellmich in opposition to the Counts of Katzenelnbogen. The Counts scornfully dubbed it 'The Mouse,' and the name stuck. Today it is home to an eagle and falconry center, with summer displays.*

*Le château-fort de Peterseck, c'est ainsi que les archevêques de Trèves désignaient cette forteresse érigée sur les hauteurs de Wellmich en réaction aux comtes de Katzenelnbogen. Les comtes lui donnaient avec moquerie le simple nom de « Souris » et ce nom s'est imposé. Aujourd'hui, il abrite une volerie d'aigles et une fauconnerie. En été, des démonstrations de vols d'oiseaux y sont proposées.*

## Die »feindlichen Brüder«

**The 'Enemy Brothers' / Les « frères ennemis »**

◀ ▶ **Sterrenberg und Liebenstein** heißen die beiden Burgen oberhalb von Kamp-Bornhofen offiziell. Ob es in ihrer wechselvollen Besitzgeschichte – zuweilen gab es mehrere Eigentümer gleichzeitig – jemals zu einer bewaffneten Auseinandersetzung zwischen ihnen gekommen ist, ist unsicher. Die Sage von den feindlichen Brüdern hat jedenfalls keine historische Grundlage.

*Sterrenberg and Liebenstein are the official names of the castles above Kamp-Bornhofen. It is unknown whether the frequent changes of ownership – occasionally several owners simultaneously – ever extended to armed combat between the two houses. The legend of the 'enemy brothers' has no historical foundation.*

*Sterrenberg et Liebenstein, c'est ainsi que se nomment officiellement les deux châteaux situés au-dessus de Kamp-Bornhofen. On n'est pas certain que des conflits armés aient vraiment eu lieu au cours de son passé riche en soubresauts et en changements de propriétaires – il y eut en effet parfois plusieurs propriétaires simultanés. La légende des frères ennemis n'a en tout cas pas de fondement historique.*

## Boppard

### At Boppard / La ville de Boppard

◀ **Boppard** schaut auf stolze 13 000 Jahre Siedlungsgeschichte zurück. Aus römischer Zeit sind die gut erhaltenen Reste eines Kastells zu sehen, aus dem Mittelalter stammt unter anderem die Alte Burg mit dem heutigen Stadtmuseum.

*Boppard can look back on 13,000 years of settlement history, boasting the well-preserved remains of a Roman fort as well as medieval architecture including the Alte Burg (Old Castle), which today houses the town museum.*

*La ville de Boppard peut se tourner avec fierté sur un long passé de 13 000 ans. On reconnait encore aujourd'hui les vestiges bien préservés d'un castel datant de l'ère romaine, un vieux château datant du Moyen-Âge avec entre autres le Musée de la ville d'aujourd'hui.*

▶ **Bei Filsen** sieht man gut, wie sich der Rhein einen Graben in das Hochplateau zwischen Taunus (links) und Hunsrück (rechts) gegraben hat.

*Filsen offers a clear view of the gorge carved by the Rhine through the plateau between the low mountains of Taunus (left) and Hunsrück (right).*

*À Filsen on voit bien, comment le Rhin s'est creusé un fossé à travers le haut plateau du Rhin entre les collines du Taunus (à gauche) et le Hunsrück (à droite).*

## Rheinschleife

**Rhine Loop / Le méandre du Rhin**

◀ **Vom Gedeonseck** hat man den besten Blick auf die Rheinschleife. Gegenüber liegt Filsen, am rechten Bildrand Boppard und am linken die berühmte Weinlage »Bopparder Hamm«.

*Gedeonseck offers the best view over this spectacular loop of the Rhine, with Filsen opposite, Boppard to the right of the picture and the famous 'Bopparder Hamm' vineyards to the left.*

*Du Gedeonseck on a une belle vue sur le méandre du Rhin, la « Rheinschleife ». Filsen est située juste en face. En marge à droite de l'image, on aperçoit Boppard et à gauche le célèbre vignoble « Bopparder Hamm ».*

▶ **Der Rheinburgenweg,** ein 372 Kilometer langer Fernwanderweg zu zahlreichen Baudenkmälern rechts und links des Stroms, führt unter anderem von Boppard zum Gedeonseck.

*The Rhine Castle Trail, a 372-kilometer hiking route taking in many historical monuments to the right and left of the river, includes a stretch from Boppard to Gedeonseck.*

*Long de 372 kilomètres, le chemin des châteaux du Rhin est bordé de nombreux monuments sur les rives droite et gauche du fleuve. Il mène entre autres de Boppard au Gedeonseck.*

## Bopparder Hamm

**Bopparder Hamm / Le Bopparder Hamm**

▸ »**Bopparder Hamm**« ist als Bezeichnung einer Weinlage weltbekannt, eigentlich ist es aber der Name der größten Rheinschleife. Er leitet sich vom lateinischen Wort »hamus« für Haken ab.

*Although 'Bopparder Hamm' is world-famous as a vineyard, it is actually the name of the largest loop of Rhine and is derived from the Latin 'hamus' or 'hook.'*

*Le nom « Bopparder Hamm » est connu dans le monde entier en tant que domaine viticole, alors que c'est en fait le nom du plus grand méandre du Rhin. Il vient du mot latin « hamus » signifiant crochet.*

◂ **Der Jakobsbergerhof**, ein ehemaliges Klostergut oberhalb der Weinberge am Bopparder Hamm, ist heute ein Hotel mit Golfplatz.

*Jakobsbergerhof, a former monastery overlooking the Bopparder Hamm vineyards, is today a hotel and golf course.*

*Le Jakobsbergerhof qui est un ancien domaine monacal situé au-dessus des vignobles du Bopparder Hamm, est aujourd'hui un hôtel avec terrain de golf.*

## Die Winzer und ihr Rheinwein

**The Rhine Winegrowers and their Wines**

**Les vignerons et leur vin rhénan**

◂ **In Brey** begrüßen die Mitglieder der Weinbruderschaft »Breyer Hämmchen e.V.« ihre Gäste zur Weinprobe im Bacchuskeller.

*At Brey members of the 'Breyer Hämmchen e.V.' wine association welcome guests to a tasting at Bacchuskeller.*

*Les membres de la confrérie de vin « Breyer Hämmchen e.V. » saluent leurs invités pour une dégustation de vins dans les caves du Bacchuskeller.*

▸ **Riesling** ist die traditionelle Rebsorte im Mittelrheintal. Das sich wandelnde Klima macht es aber zunehmend möglich, hier auch andere Rebsorten anzubauen.

*Although Riesling is the traditional grape in the Rhine Gorge, the changing climate is enabling other varieties to gain a foothold.*

*Riesling est le cépage traditionnel de la vallée du Rhin moyen. Le climat changeant rend cependant de plus en plus possible, l'ajout de nouveaux autres cépages.*

## Rheinisches Fachwerk

### Half-Timbered Architecture / Le colombage rhénan

◀ ▶ **Spay** ist einer der an Fachwerkhäusern reichsten Orte im ganzen Mittelrheintal, bekannt für seine ausgedehnte Fachwerkfront am Rheinufer. Viele Häuser der Rheinfront stammen aus dem 17. und 18. Jahrhundert.

*The town of Spay is among the richest troves of half-timbered architecture in the Rhine Gorge, and is famous for its extensive river frontage. Many buildings in this frontage date from the 17th and 18th centuries.*

*Spay est l'un des lieux les plus riches en maisons à colombage de toute la vallée du Rhin moyen, connu pour sa succession de façades à colombage au bord du Rhin. Beaucoup de maisons situées sur les rives du Rhin datent des 17e et 18e siècles.*

Weingart

TRAUMPFADE
Rhein-Mosel-Eifel-Land

## Traumpfade im Rhein-Mosel-Eifel-Land

**'Dream Paths' in the Rhine-Moselle-Eifel Region**

**Des chemins de rêve au pays du Rhin-Moselle-Eifel**

◀ DIE »TRAUMPFADE« sind 26 Tages-Rundwanderwege an Rhein und Mosel, im Maifeld und in der Eifel. Sie unterscheiden sich in Länge, Charakter und konditionellen Anforderungen deutlich voneinander.

*The 'Traumpfade' or 'Dream Paths' are a collection of 26 day hikes around the Rivers Rhine and Moselle, the Maifeld and Eifel regions, with widely differing lengths, types and fitness requirements.*

*Les « chemins de rêve » sont 26 chemins de randonnées journalières au bord du Rhin et de la Moselle, dans la prairie de Maifeld et dans l'Eifel. Ils se distinguent clairement l'un de l'autre sur la longueur, le caractère et le niveau de condition physique exigé.*

▶ IN BERY beginnt der Traumpfad »Rheingoldbogen« auf den Jakobsberg und durch die Weinberge am Bopparder Hamm.

*Bery is the starting-point of the Rheingoldbogen 'dream path,' leading to Jakobsberg and through the vineyards at Bopparder Hamm.*

*Le chemin de rêve « Rheingoldbogen » (arc doré du Rhin) commence à Bery au sommet du Jakobsberg et traverse les coteaux du Bopparder Hamm.*

## Braubach und die Marksburg

**Braubach and Marksburg Castle / Braubach et le château-fort de Marksburg**

◀ DIE MARKSBURG als Inbegriff einer Höhenburg stand Modell für viele Spielzeugburgen und wurde auf der japanischen Insel Miyako-jima fast originalgetreu nachgebaut. Sie ist Sitz der Deutschen Burgenvereinigung e.V., die ein umfangreiches Museum unterhält.

*Marksburg Castle is a typical mountain castle on which hundreds of toy fortresses were modeled; it is the headquarters of the German Castles Association, which has established an extensive museum there.*

*Le Marksburg est le seul château-fort d'altitude sur le Rhin. On l'a presque reproduit fidèlement à son original sur l'île japonaise de Miyako-jima. Le siège de l'Union des Châteaux Allemands e.V. y entretient un vaste musée.*

▶ DER SCHAUFELRADDAMPFER »MS GOETHE« von 1913, das älteste Schiff der Weißen Flotte, passiert Braubach.

*The paddle steamer 'MS Goethe,' here seen passing Braubach, was built in 1913 and is the oldest ship in the White Fleet.*

*Le bateau à vapeur à aubes « MS Goethe » de 1913, plus ancien bateau de la Flotte Blanche passant au large de Braubach.*

## Rhens
**At Rhens / À Rhens**

◀ **Die Pfarrkirchen St. Theresia** und St. Dionysius in Rhens: St. Dionysius (rechts) wurde im 9. Jahrhundert erstmals urkundlich erwähnt; die ältesten Teile des heutigen Baus stammen aus dem 11. Jahrhundert.

*The churches of St. Theresia and St. Dionysius in Rhens: St. Dionysius (right) were mentioned for the first time in the 9th century; the oldest parts of today's building date from the 11th century.*

*Les églises paroissiales de Sainte-Thérèse et de Saint-Dionysius à Rhens : St Dionysius (à droite) fut mentionné pour la première fois dans les registres au 9e siècle ; les plus vieilles parties du bâtiment actuel datent du 11e siècle.*

▶ **Der Scharfe Turm** am Rheinufer in Rhens war in den Zeiten der Hexenverfolgung Verlies und Folterkammer.

*The 'Sharp Tower' on the banks of the Rhine at Rhens was a dungeon and torture chamber in the times when witch-hunts rampaged.*

*La Scharfe Turm, située sur les rives du Rhin à Rhens, était au temps de la chasse aux sorcières un cachot et un lieu de torture.*

## Der Königsstuhl zu Rhens

### The 'King's Chair' at Rhens / Le Königsstuhl près de Rhens

◀ **Das alte Rathaus** von Rhens stammt aus dem frühen 16., die weitgehend erhaltene Stadtmauer aus dem 15. Jahrhundert.

*The Old City Hall at Rhens dates from the early 16th century, the largely preserved city walls from the 15th century.*

*L'ancien Hôtel de Ville de Rhens date des débuts du 16e siècle, les remparts conservés en grande partie remontent au 15e siècle.*

▶ **Der Königsstuhl** oberhalb von Rhens ist ein neuzeitlicher Nachbau, der an seinen früher unmittelbar am Rhein stehenden Vorgänger erinnert. Im Hochmittelalter wählten in Rhens die Kurfürsten den römisch-deutschen König.

*The 'King's Chair' over Rhens is a modern reproduction of its more ancient predecessor, once sited directly on the Rhine. The Kings of the Holy Roman Empire were appointed at Rhens in the High Middle Ages.*

*Le Königsstuhl (le siège royal) situé sur les hauteurs de Rhens est une reconstruction moderne rappelant son prédécesseur, dont le site original était autrefois directement au bord du Rhin. Au Moyen-Âge, les princes électeurs élisaient le roi du saint empire germanique romain à Rhens.*

## Mittelalterliches Treiben zwischen historischen Stadtmauern

**Medieval Life among Ancient City Walls / Animation médiévale au cœur des remparts historiques**

◀ ▶ DIE »RHENSER SPIELLEUT VIRIBUS UNITIS« haben reichlich Stoff für ihre historischen Stadtführungen und Auftritte: Hexenverfolgung und Königswahl, Ritterfehden und Bürgerfeste haben die Geschichte von Rhens geprägt.

*The 'Rhenser Spielleut Viribus Unitis' association has plenty of material for its historical city tours and performances: the history of Rhens is replete with witch-hunts and royal elections, knightly feuds and town festivals.*

*Les « Rhenser Spielleut Viribus Unitis » ont suffisamment de matière pour réaliser leurs visites historiques de la ville et se mettre en scène : les chasses aux sorcières, l'élection du roi, les affronts chevaleresques et les fêtes citoyennes ont marqué l'histoire de Rhens.*

## Römer am Rhein

### The Romans on the Rhine / Les Romains sur les bords du Rhin

◀ **Die römische Wasserleitung** bei Brey wurde in einer aus Persien stammenden Technik errichtet. Sie gehört zu den größten antiken Tunnelbauten nördlich der Alpen. 500 Meter sind erhalten und führen auch nach fast 2000 Jahren noch Wasser.

*The Roman aqueduct at Brey was constructed using a technique originally from Persia. It is one of the largest ancient tunnels north of the Alps. A 500-meter length has been preserved, and still carries water today after almost 2000 years.*

*L'aqueduc romain près de Brey fut construit selon une technique venant de Perse. Elle fait partie des plus grandes constructions antiques de tunnel au nord des Alpes. 500 mètres sont encore intactes et acheminent aujourd'hui encore après presque 2000 ans de l'eau.*

▶ **Ein Römerlager** beim originalen römischen Bergwerk bei Kruft lässt alljährlich die Römerzeit lebendig werden.

*At a Roman camp at an original Roman mine near Kruft, the Roman era is revived annually.*

*Un camp de Romains près de l'ancienne mine romaine de Kruft fait revivre chaque année les vestiges de l'époque romaine.*

## Lahnstein

**At Lahnstein / La ville de Lahnstein**

◀ **Die Rupertsklamm** bei Lahnstein ist eine enge Schlucht mit kleinen Wasserfällen, wie sie in vielen Seitentälern des Rheins zu finden sind.

*Rupertsklamm at Lahnstein is a narrow gorge lined with small waterfalls, a feature often found in the Rhine's tributary valleys.*

*Le ravin Rupertsklamm près de Lahnstein est une gorge étroite bordée de petites chutes d'eau comme on peut en trouver dans de nombreuses vallées des rives rhénanes.*

▶ **Um Burg Lahneck** ranken sich schaurige Legenden von niedergemetzelten Tempelrittern, Geheimgängen und einem auf dem Turm verdursteten schottischen Mädchen. Im Rahmen der Burgführung erfährt man, ob diese Legenden einen wahren Kern haben.

*Lahneck Castle is rife with gruesome legends of massacred Knights Templar, secret passageways and a Scottish girl who died of thirst in the tower. A tour of the castle reveals the truth behind the legends.*

*De sinistres légendes de massacres de chevaliers du Temple, de passages secrets et d'une jeune fille écossaise morte de soif au sommet de la tour rodent autour du château-fort de Lahneck. Une visite du château vous permettra de découvrir le bienfondé de ces fables.*

## Koblenz und Ehrenbreitstein

**Koblenz and Ehrenbreitstein / Coblence et Ehrenbreitstein**

◀ Die Festung Ehrenbreitstein über Koblenz steht auf einem Berg, der wahrscheinlich bereits seit dem 10. Jahrhundert v. Chr. befestigt ist. Im 19. Jahrhundert war sie eine der damals modernsten und größten Festungsanlagen Europas.

*The site of Ehrenbreitstein Fortress, perched on a mountain above Koblenz, is thought to have been fortified since the 10th century BC. In the 19th century it was among Europe's largest and most modern fortifications.*

*La forteresse d'Ehrenbreitstein au-dessus de Coblence se dresse au sommet d'une montagne que l'on défendait probablement déjà dès le 10e siècle av. J.-C. Au 19e siècle, c'était l'une des forteresses les plus modernes de l'époque et une des plus grandes d'Europe.*

▶ Das Deutsche Eck mit dem 1993 neu errichteten Standbild Kaiser Wilhelms I. markiert den Zusammenfluss von Rhein und Mosel.

*Deutsches Eck, with the statue of Kaiser Wilhelm I newly reinstalled in 1993, marks the confluence of Rhine and Moselle.*

*Le Coin Allemand avec la statue de l'empereur Guillaume Ier à nouveau érigée en 1993, marque le confluent du Rhin et de la Moselle.*

## Rhein in Flammen

### Rhine in Flames / Le Rhin en flammes

◀ ▶ **Feuerwerk über Ehrenbreitstein:** Alljährlich am zweiten Samstag im August fahren nach Einbruch der Dämmerung die Schiffe der Weißen Flotte von Spay nach Koblenz. Beim Passieren der Schiffe wird in den Orten entlang des Rheins ein Feuerwerk gezündet. Zu anderen Terminen findet das Spektakel auch an anderen Rheinabschnitten statt.

*Fireworks over Ehrenbreitstein: On the second Saturday in August, the ships of the White Fleet set out after dusk from Spay to Koblenz, with fireworks in the towns along their route to accompany their passage. The spectacle also takes place on different dates at other parts of the river.*

*Des feux d'artifice dans le ciel d'Ehrenbreitstein : tous les ans le deuxième samedi d'août, les bateaux de la Flotte Blanche quittent au crépuscule de Spay pour rejoindre Coblence. Au passage des bateaux, des feux d'artifice éclatent dans chaque commune le long du Rhin. Un tel spectacle peut également avoir lieu sur d'autres sections du Rhin à d'autres moments.*

## Waldschluchtenweg Vallendar

**Vallendar – Forest Gorge Walk / Le sentier du ravin boisé près de Vallendar**

◀ ▶ DURCH DAS FEISTERNACHTBACHTAL bei Vallendar führt der »Waldschluchtenweg« und beweist, dass es am Rhein auch ausgedehnte Wälder gibt, in denen man statt Schiffen, Eisenbahnen und Autos nur Blätterrauschen hört. Er ist einer der 26 »Traumpfade« an Rhein und Mosel, in der Eifel und im Maifeld.

*The valley of Feisternachtbach near Vallendar is the setting for the 'Forest Gorge Walk,' revealing the extensive forests of the Rhine where the sound of rustling foliage replaces the roar of ships, trains and cars. The route is one of 26 'dream paths' around the Rhine and Moselle, in the Eifel and in Maifeld.*

*Le sentier « Waldschluchtenweg » mène à travers la vallée de Feisternachtbachtal près de Vallendar et prouve qu'il est aussi possible de trouver au bord du Rhin de vastes forêts dans lesquelles on n'entend que le bruissement des feuilles plutôt que celui des bateaux, des chemins de fer et des voitures. Il fait partie des 26 « chemins de rêve » des bords du Rhin et de la Moselle, dans l'Eifel et dans le Maifeld.*

## Sayn

### Sayn Castle / Le château de Sayn

◀ **Ein römischer Wachturm** wurde am Limes oberhalb von Sayn rekonstruiert.

*A Roman watchtower was reconstructed along the Limes Germanicus above Sayn.*

*Un beffroi romain a été reconstitué au niveau du limes en surplomb de Sayn.*

▶ **Schloss Sayn**, von der Eigentümerfamilie Sayn-Wittgenstein-Sayn aufwendig renoviert, beherbergt heute unter anderem das Rheinische Eisenkunstgussmuseum und kann in weiten Teilen besichtigt werden. Zur Gesamtanlage gehört auch die Ruine der etwas höher gelegenen Grafenburg.

*Sayn Castle, lavishly restored by its owners, the Sayn-Wittgenstein-Sayn family, is today home to the Rhine Ornamental Cast-Iron Museum. Much of the castle can be toured. The complex includes ruined Grafenburg Castle slightly higher up.*

*Le château de Sayn de la famille Sayn-Wittgenstein-Sayn fut rénové à grands frais ; il abrite entre autres aujourd'hui le « Rheinische Eisenkunstgussmuseum » (musée de la fonderie d'art du Rhin) et peut être visité en grande partie. La ruine du château du comte situé un peu plus en amont fait partie de ce domaine.*

## Schmetterlingsgarten Sayn

**Sayn Butterfly Gardens / Le jardin des papillons de Sayn**

◁ ▷ DER GARTEN DER SCHMETTERLINGE im Schlosspark von Sayn ist in zwei großzügigen Glaspavillons untergebracht. Farbenprächtige Falter aus Südamerika, Afrika und Asien fliegen frei zwischen den Besuchern herum. Daneben bewohnen verschiedene Vögel, Schildkröten und ein grüner Leguan den liebevoll gestalteten Wintergartenpark.

*The Butterfly Gardens in Sayn Castle grounds are housed in two spacious glass pavilions. In addition to gorgeously colored free-flying butterflies from South America, Africa and Asia, the charmingly designed conservatory park is also home to birds, turtles and a green iguana.*

*Le Jardin exotique des Papillons du parc du château de Sayn comprend deux grandes serres. Des papillons tropicaux aux couleurs splendides d'Amérique du Sud, d'Afrique et d'Asie volent librement autour des visiteurs. À leurs côtés, différents oiseaux, des tortues et un iguane vert vivent ici dans ce parc aménagé dans le style d'un jardin paysager anglais.*

CONCORDIA

## Engers

### At Engers /Le château d' Engers

◀ **Schloss Engers** wurde im 18. Jahrhundert als Jagdschloss der Kurfürsten von Trier erbaut. Das spätbarocke Gebäude beherbergt heute die Geschäftsstelle der Landesmusikstiftung Villa Musica, ein Museum mit alten Instrumenten und Gemälden, sowie ein Restaurant.

*Engers Castle was built in the 18th century as a hunting-lodge for the Electors of Trier. Today the Late Baroque building is home to the offices of the state music foundation Villa Musica, a museum of historical musical instruments and paintings, and a restaurant.*

*Le château d'Engers fut construit au 18e siècle en tant que château de chasse des princes électeur de Trèves. Le bâtiment de style baroque tardif abrite aujourd'hui l'agence de la fondation musicale du Land « Villa Musica », un musée avec de vieux instruments et des tableaux ainsi qu'un restaurant.*

▶ **Tank- und Frachtschiffe** auf dem Rhein übernehmen nach wie vor einen wichtigen Teil des Gütertransports.

*Tankers and cargo ships on the Rhine are still a major mode of freight transportation.*

*Des cargos et des bateaux citernes prennent encore une partie importante du transport de marchandises sur le Rhin.*

## Gemeinde Weißenthurm

Weissenthurm / La commune de Weißenthurm

◀ **Vor der barocken Pfarrkirche St. George** in Urmitz liegt ein traditionelles Rheinschiff an der Uferpromenade.

*Against the backdrop of the Baroque St. George's Church in Urmitz, a traditional Rhine boat is moored at the promenade.*

*Devant l'église paroissiale baroque de Saint-Georges à Urmitz, un bateau rhénan traditionnel est accosté sur la promenade du rivage.*

▶ **Die Raiffeisenbrücke,** die heute Weißenthurm mit Neuwied verbindet, setzt eine uralte Tradition fort – vermutlich ließ bereits Julius Caesar im 1. Jahrhundert v. Chr. in der Nähe des heutigen Baus eine hölzerne Rheinbrücke errichten.

*Raiffeisenbrücke Bridge which links Weissenthurm and Neuwied today continues an ancient tradition: as early as the 1st century BC, Julius Caesar is said to have built a wooden bridge spanning the Rhine near the site of its modern successor.*

*Le pont de Raiffeisen qui relie aujourd'hui Weißenthurm à Neuwied perpétue une tradition très ancienne – il est probable qu'un pont en bois fut déjà construit sur le Rhin aux environs de la construction actuelle à l'époque de Julius César au 1er siècle av. J.C.*

## Obstanbau am Mittelrhein

### Orchards in the Rhine Gorge / La production fruitière de la vallée du Rhin moyen

◀ **Die Obstbaumblüte** fällt am Mittelrhein in die zweite Aprilhälfte.

*Orchards bloom in the second half of April in the Rhine Gorge.*

*Dans la vallée du Rhin moyen, la floraison des fruits tombe dans la deuxième moitié d'avril.*

▶ **Die Kirschenernte** erfolgt Ende Juni, die Apfelernte Ende August. Nach dem Weinbau ist der Obstanbau die wichtigste landwirtschaftliche Kultur in der Region.

*The cherry harvest takes place in late June, the apple harvest in late August. Fruit growing is the region's second largest agricultural sector after viticulture.*

*La récolte de cerises a lieu fin juin, celle des pommes fin août. Après la viticulture, la production fruitière est la plus importante culture agricole dans la région.*

## Andernach

**At Andernach / La ville d' Andernach**

◁ **ANDERNACH** feierte als eine der ältesten Städte Deutschlands im Jahr 1988 sein 2000-jähriges Bestehen. Das Wahrzeichen der Stadt, der Runde Turm, ein Rest der alten Stadtbefestigung, gilt als einer der größten mittelalterlichen Wehrtürme.

*Andernach celebrated its 2000th anniversary in 1988, making it one of Germany's oldest towns. Its landmark Round Tower, a remnant of the old town fortifications, is among the largest medieval defense towers in existence.*

*Andernach a fêté en 1988 ses 2000 années d'existence en tant qu'une des plus vieilles villes d'Allemagne. L'emblème de la ville, la Tour Ronde, vestige de la vieille fortification de la ville, est considérée comme l'une des plus grandes tours de défense médiévales.*

▷ **DAS GEYSIR-INFOZENTRUM** am Andernacher Rheinufer wurde 2009 in einem sehenswerten modernen Bau eingerichtet.

*The Geyser Discovery Center on the banks of the Rhine at Andernach was opened in 2009 in a striking modern building.*

*Le centre d'information du geyser sur les rives rhénanes d'Andernach fut aménagé en 2009 dans un remarquable bâtiment moderne.*

## Geysir-Infozentrum

### Geyser Discovery Center / Centre d'information du geyser

◀ ▶ **Dem Geysir-Infozentrum** in Andernach gelingt es, die physikalischen Grundlagen eines Kaltwassergeysirs so anschaulich und spannend zu präsentieren, dass sich selbst Kinder gern mit dem eher sperrigen Thema beschäftigen. Der Besuch des Infozentrums ist der erste Teil des dreiteiligen Geysir-Erlebnisses.

*The Geyser Discovery Center at Andernach succeeds in presenting the geothermal theory behind cold-water geysers in such a clear, fascinating way that even children are eager to learn more. A visit to the Discovery Center is the first of three parts in the geyser experience.*

*Le centre d'information du geyser d'Andernach parvient à présenter de façon claire et passionnante les propriétés physiques d'un geyser d'eau froide si que même des enfants peuvent aborder avec plaisir ce sujet quelque peu volumineux. La visite du centre d'information est la première des trois phases de la découverte sensation du geyser.*

GEYSIR ANDERNACH

www.geysir-andernach.de
Der höchste seiner Art. Weltweit.
www.geysir-andernach.de
GEYSIR
Gilles
Andernach
NAMEDY

## Der Geysir auf dem Namedyer Werth

### The Geyser at Namedyer Werth / Le geyser sur le Namedyer Werth

◀ **Die Schifffahrt zum Namedyer Werth** ist der zweite Teil des dreiteiligen Geysir-Erlebnisses in Andernach.

*The boat trip to Namedyer Werth follows as the second part.*

*Une excursion en bateau menant au Namedyer Werth est la deuxième des trois phases de la découverte sensationnelle du geyser d'Andernach.*

▶ **Der Andernacher Geysir** ist mit einer Sprunghöhe von bis zu 60 Metern der höchste Kaltwassergeysir der Welt. Aus über 1000 Meter Tiefe aufsteigendes Kohlendioxid treibt alle 100 Minuten das Grundwasser als Fontäne aus dem Boden.

*Andernach Geyser is the highest cold-water geyser in the world. Every 100 minutes, the pressure of accumulating carbon dioxide forces the groundwater from a depth of over 1000 meters into a fountain that can reach heights of 60 meters.*

*Le geyser d'Andernach est le geyser d'eau froide le plus haut du monde avec un jet atteignant jusqu'à 60 mètres de hauteur. Du dioxyde de carbone expulsé d'une profondeur de plus de 1000 mètres, propulse, telle une fontaine, de l'eau issue des nappes phréatiques toutes les 100 minutes du sol.*

▸ **Das Binger Loch** zeigt aus der Luft betrachtet eindrucksvoll, wie sich hier der Rhein in das Rheinische Schiefergebirge zwängt.

*From the air, Binger Loch impressively shows the route carved by the Rhine through the Rhenish Massif.*

*Vu du ciel, le Trou de Bingen montre de façon spectaculaire au passage le Rhin au travers du massif schisteux rhénan.*

Weitere Informationen
Further informations / Autres informations:

www.burgdirect.de (Öffnungszeiten aller Burgen und Schlösser der Region / Opening times of all castles and palaces in the area / Heures d'ouverture de tous les châteaux-forts et châteaux de la région)

www.welterbe-mittelrheintal.de (allgemeine Hinweise zur Welterberegion / General information on the World Heritage Site / Indications générales sur la région classé au patrimoine mondial)

www.traumpfade.info (Wanderwege im Kreis Mayen-Koblenz / 'Dream Paths,' walking and hiking trails in the Mayen-Koblenz region / Chemins de randonnée dans la région de Mayence-Coblence)

www.rheinsteig.de (Informationen zum rechtsrheinischen Wanderweg / Ionformation on the Rhine Way hiking trail along the right bank of the Rhine / Informations sur le chemin de randonnée de la rive droite du Rhin)

## Impressum

Der Autor und Fotograf Matthias Matzke (Pseudonym) ist freier Fotograf und spezialisiert auf die Themen Natur und Reise, vor allem Skandinavien und die Rheinregion. Er veröffentlicht in Zeitungen, Magazinen und Buchverlagen und macht Vortragsreisen. Für seine Arbeit wurde er bereits mehrfach ausgezeichnet.

Produktmanagement: Dr. Birgit Kneip
Graphische Gestaltung: Medienfabrik GmbH, Stuttgart
Englische Übersetzung: Alison Moffat, München
Französische Übersetzung: Sandra Brandstetter, Bernau
Textlektorat: Thomas Theise, Regensburg
Kartografie: Thomas Vogelmann, Mannheim
Herstellung: Bettina Schippel
Repro: Cromika sas, Verona
Printed in Slovenia by Korotan, Ljubljana

Alle Angaben dieses Bandes wurden vom Autor sorgfältig recherchiert und vom Verlag auf Stimmigkeit und Aktualität geprüft. Allerdings kann keine Haftung für die Richtigkeit der Informationen übernommen werden. Für Hinweise und Anregungen sind wir dankbar.

Zuschriften an den:
Bruckmann Verlag, Produktmanagement,
Postfach 400209, 80702 München
E-Mail: lektorat@bruckmann.de

Bildnachweis:
© AKG-Images GmbH, Berlin: Karte Vorsatz; © Gerhard Launer WFL-GmbH, Rottendorf, www.wfl-gmbh.de: S. 92-93: Alle anderen Bilder stammen von Matthias Matzke.

Einbandfotos :
Vorderseite: Bacharach mit Burg Stahleck
Rückseite: großes Bild: St. Goarshausen; kleine Bilder: Rheinschifffahrt; Wald bei Burg Rheinstein

Die Deutsche Nationalbibliothek verzeichnet diese Publikation in der Deutschen Nationalbibliografie; detaillierte bibliografische Daten sind im Internet über http://dnb-nb.de abrufbar.




ISBN 978-3-7654-5509-4

48
Sayn
Schloss Sayn
Bendorf
Vallendar
Bad Ems
Lahn
Neuwied-Engers
Schloss Engers
Festung
Ehrenbreitstein
Koblenz
Neuwied
Rhein
Lahnstein
Mülheim-
Kärlich
Weißenthurm
ach
Braubach
Marksburg
Burg Lahneck
Rhens
Brey
Spay
61
Bornhofen
Burg Liebens
Kobern-Gondorf
Boppard
Mosel
48
61
N
5 km